IMMANUEL BIRMELIN

Schlauer HUND

So fördern Sie, was in ihm steckt

INHALT

1 Die Persönlichkeit des Hundes erkennen

Die Welt der Gefühle 8

Warum Gefühle wichtig sind 8
Gefühle prägen die Persönlichkeit 10
Die Geschichte von Wisla 10
Gefühle sind individuell ausgeprägt 13
Wie erkennen Sie die Gefühle Ihres Hundes? 15
Können Sie die Gefühle Ihres Hundes beeinflussen? 16
Special: Gefühle lassen sich steuern 18
Lernen, Denken und Fühlen 20

Die Sinne des Hundes 22

Wie eröffnen Sie sich die Sinneswelt des Hundes? 22
Mit den Augen eines Hundes 24
Woher weiß der Hund, dass er ein Hund ist? 26
Der Augen-Test 27
Mit der Nase eines Hundes 28
Der »Supernasen«-Test 29
Mit den Ohren eines Hundes 30
Der Geschmackssinn 30
Der Ohren-Test 31

2 Wie Hunde lernen und denken

So lernt und denkt der Hund 34

Hunde lernen gern 34
Können Hunde denken? 37
Was ist Denken? 37
Warum denken Tiere? 37
Unterschiedliche Talente 38
Wisla, die Wissbegierige 38
Robby, der Ängstliche 43
Special: Spielerische Erziehung 44
Teddy, der Überflieger 48
Special: Wie sieht sich der Hund? 50

Talente entdecken und fördern — 52

Können Hunde zählen? — 52
Superstar Rico — 55
Emotionale Intelligenz — 57
Special: Schlafen und träumen — 58
Wie gut verstehen uns Hunde?
Betrügen Hunde? — 60
Können Hunde nachahmen? — 61
Können Hunde Symbole verstehen? — 63

Tipps und Infos

Tipp: Sich richtig annähern — 11
Tipp: Hunde sind Individualisten — 13
Info: Zwanghaftes Verhalten — 16
Tipp: Hunde sehen die Welt anders als wir — 25
Info: Lernen und Denken — 37
Info: Intelligenz — 38
Tipp: Lernen im Alter — 43
Tipp: Begabungen erkennen — 46
Info: Träumen — 55
Info: Emotionale Intelligenz – was ist das? — 56
Info: Kontakte sind wichtig — 61
Tipp: Keine Lust zum Lernen — 70
Tipp: Die Belohnung macht's — 77
Tipp: Junge Hunde — 79
Info: Denken kostet Energie — 87

3

Gehirn-Jogging für jeden Tag

Lernübungen mit Pfiff — 68

Genau beobachten — 68
Symbole erkennen — 70
Richtig trainieren — 71
Der Hinweis-Test — 72
Special: Bewegung hält fit — 74
Der Riech-Test — 76
Der Zeige-Test — 77
Lernen à la Rico — 78
Das Hütchen-Spiel — 78
Das Betrüger-Spiel — 79

Knifflige Denkaufgaben — 80

Futter angeln — 80
Das Geheimnis des Deckels — 83
Räumliche Vorstellungskraft — 84
Den kürzesten Weg finden — 86
Der Zylinderhut-Test — 86
Was ist eine Menge? — 87
Special: Gedächtnistraining — 88

Anhang — 90

Register — 90
Service — 93

Jeder Hund ist eine feinfühlige Persönlichkeit

Mit fünf Jahren entdeckte mich meine Mutter schlafend zusammen mit drei Chow-Chows in der Hundehütte. Sie hatte volles Verständnis und schenkte mir kurze Zeit später einen eigenen weißen Chow-Chow. Das war der Beginn einer lebenslangen Beziehung mit Hunden. Seitdem habe ich nie mehr ohne Hunde gelebt. Als Kind zogen sie mich magisch an. Ich verstand ihre Gefühle und sie meine. Aber umso älter ich wurde, desto mehr interessierte mich, was in ihren Köpfen vorgeht.

Die meisten Hundebücher erzählen von der Abstammungsgeschichte und sind voll mit guten Erziehungsratschlägen. Doch wie Hunde denken und fühlen, davon erfährt man fast nichts. Diese Sicht der Dinge hatte und hat Konsequenzen: Hund gelten als instinktgesteuerte, gut abrichtbare Wesen. Aber diese Sichtweise greift zu kurz. Sie vergisst, dass Hunde denkende, fühlende Lebewesen sind. Hunde sind Individuen und Persönlichkeiten mit Stärken und Schwächen. Das habe ich zwar schon lange gefühlt, aber wissenschaftlich erforscht hatte ich es als Biologe bisher nicht. Erst mit über 50 Jahren ging ich daran, Versuche zu entwickeln, die etwas darüber aussagen, ob Hunde denken können. Heute hat das Erforschen der Denkfähigkeit von Hunden Konjunktur in der Wissenschaft, allen voran die Wissenschaftler des Max-Planck-Instituts von Leipzig und der Universität Budapest. Die Ergebnisse sind faszinierend und spannend zugleich und belegen, dass wir unsere Hunde unterschätzt haben.

Der Erfolg unseres Films »Wer ist klüger – Hund oder Katze« hat mich ermutigt, dieses Buch zu schreiben. Ziel dieses Ratgebers ist es, durch einfache Versuche, die jeder zu Hause nachmachen kann, seinen Vierbeiner von einer ganz anderen Seite kennen zu lernen. Sie werden erfahren und erleben, mit welchen geistigen Fähigkeiten Ihr Hund ausgestattet ist. Sie werden Ihren Hund noch besser verstehen, und Ihre Beziehung zu ihm wird sich noch mehr vertiefen. Viel Spaß bei der Entdeckung Ihres Hundes.

1

Die Persönlichkeit des Hundes erkennen

Hund ist nicht gleich Hund. Selbst Hunde einer bestimmten Rasse lassen sich nicht alle über einen »Kamm scheren«. Sie sind Persönlichkeiten mit unterschiedlichen Stärken und Schwächen, mehr oder minder großen Begabungen und einer ausgeprägten Gefühlswelt.

DIE PERSÖNLICHKEIT DES HUNDES ERKENNEN

Die Welt der Gefühle

Gefühle sind wichtige Ratgeber. Sie entscheiden darüber, wie wir uns in bestimmten Situationen verhalten. Auch Hunde haben Gefühle, empfinden Angst, Freude, Schmerz, Trauer oder Wut – ähnlich wie wir.

Hat ein Hund Gefühle? Sie als Hundehalter werden diese Frage mit Sicherheit belächeln und eindeutig bejahen. Aber sprechen Sie auch einer Spinne oder einer Fliege Gefühle zu? Die meisten Menschen tun dies eher nicht. Wenn Spinnen oder Fliegen stören, werden sie meist ohne Skrupel getötet. Natürlich weiß auch ich nicht, ob Insekten und Spinnen Gefühle besitzen. Diese Beispiele zeigen uns aber, wie unterschiedlich wir Lebewesen beurteilen. Unser Mitgefühl, aber auch unsere Kultur und unsere Erziehung tragen dazu bei, welch enge oder distanzierte Beziehung wir zu einem Lebewesen entwickeln.

In manchen Kulturen wird Hundefleisch mit Genuss gegessen. Ich als Europäer und Halter eines Bernhardiners kann zum Beispiel nicht verstehen, dass diese feinfühligen Riesen unter den Hunden in China zur Fleischmast gezüchtet werden. Wenn ich daran denke, empfinde ich Wut und Verzweiflung. Töte ich jedoch eine Spinne oder Fliege, berührt mich das kaum. Warum reagiere ich so unterschiedlich, obwohl ich glaube, dass auch unsere krabbelnden Mitgeschöpfe Gefühle besitzen? Sicher ist die Gefühlswelt einer Spinne weniger komplex als die eines Hundes oder die eines Menschen. Aber dies ist nur die halbe Antwort. Mitgefühl können wir Menschen in der Regel nur dann entwickeln, wenn wir eine Beziehung zu einem Lebewesen aufgebaut haben. Menschen, die Bernhardiner zum Fleischverzehr halten, lassen sich darauf erst gar nicht ein. Für sie bedeuten diese Hunde in erster Linie fleischliche Nahrung, so wie für uns Schweine, Rinder und Hühner …

Ob wir unseren Mitgeschöpfen Gefühle zusprechen, hängt von vielen Faktoren ab: unserem eigenen Bewusstsein, unserer Kultur und unserer Erziehung.

Warum Gefühle wichtig sind

Stellen Sie sich vor, Sie hätten keine Gefühle. Weder schöne wie Freude, Glück, Liebe noch negative wie Schmerzen, Trauer oder Hass.

8

Warum Gefühle wichtig sind

Mich schaudert es bei diesem Gedanken. Hätte ich keine Gefühle, würde ich auch nichts empfinden. Eine Welt ohne Gefühle – kaum vorstellbar. Und doch gibt es Menschen, die nahezu gefühllos sind. Teile ihres Gehirns (besonders das limbische System) sind durch eine Krankheit zerstört. Was zeigen uns diese Personen? Sie können keine Gefahren meiden, kein Risiko mehr abschätzen, betragen sich anderen gegenüber rücksichtslos und sind unfähig, aus den Konsequenzen ihres eigenen Verhaltens zu lernen. Überraschend ist, dass diese Menschen ihr Fehlverhalten beschreiben, aber nicht entsprechend handeln können. Ihnen fehlt also nicht die Einsicht, sondern die Fähigkeit, diese Einsicht auch entsprechend in die Tat umzusetzen.

Die schlimme Erkrankung zeigt, wie wichtig Gefühle im Leben sind. Sie informieren unseren Körper bewusst oder unbewusst über seine innere Welt und helfen Entscheidungen zu fällen, indem sie bestimmte Verhaltensweisen fördern oder behindern. Gefühle sind die Ratgeber unseres Handelns. Nach Auffassung vieler Wissenschaftler

Mensch und Hund, ein unschlagbares Team – selbst vor dem Computer.

DIE PERSÖNLICHKEIT DES HUNDES ERKENNEN

haben alle Menschen unterschiedlicher Kulturen ein angeborenes »Paket« an Grundgefühlen, nämlich: Furcht, Freude, Glück, Verachtung, Schmerz, Ekel, Neugierde, Hoffnung und Enttäuschung.

Einige Forscher zählen ein paar mehr, andere ein paar weniger Grundgefühle hinzu. Unser aktuelles Gefühlsleben besteht dann aus einer unendlichen Mischung dieser positiven und negativen Grundgefühle.

Gefühle prägen die Persönlichkeit

Der Vergleich mit den Tieren drängt sich geradezu auf. Wie will ein Tier, das in einer komplexen Umwelt lebt, in der Wildnis bestehen, wenn es keine Furcht empfindet, keine Risiken abschätzt oder keinen Schmerz spürt, der es vor Fehlverhalten schützt. Tieren Gefühle abzusprechen macht daher für mich wenig Sinn, umso weniger, da auch der Sitz der Gefühle, das limbische System, bei ihnen gut ausgebildet ist. Es ist ein Hirnteil mit dem Charakter einer Durchgangsstation, in der alle einlaufenden Sinneswahrnehmungen ihren »Gefühlsausdruck« bekommen. Hier wird das Bild von Marilyn Monroe anders bewertet als das unserer Mutter, Glockengeläut anders als Sirenengeheul, und hier bekommen unsere Schmerzen ihre unverwechselbare Empfindungsqualität. Dieser Hirnteil ist besonders bei Gruppen- und Rudeltieren, die sich untereinander rege verständigen, gut ausgebildet. Hunde sind Gesellschaftstiere mit reger Kommunikation.

Seit über 50 Jahren lebe ich fast täglich mit Hunden zusammen und habe dabei die unterschiedlichsten Charaktere kennen

Zwei, die sich mögen. Gesunde Hunde entwickeln immer Beschützerinstinkte gegenüber Kindern.

gelernt: Draufgänger, Angsthasen, Langweiler und Neugierige. Keiner war wie der andere, alle waren vierbeinige Persönlichkeiten mit Stärken und Schwächen. Die Gefühle prägen ihre Persönlichkeit. Das ist nicht viel anders als bei uns Menschen.

Die Geschichte von Wisla

Vor kurzem übernahm ich von Freunden eine Bernhardinerhündin. Obwohl sie das Tier sehr liebten, mussten sie es abgeben. Ihre gesamte Zeit verschlang der geistig und körperlich behinderte Sohn. Insgeheim hofften sie, dass der Hund vielleicht dem Jungen helfen könnte, aber dem war leider nicht so. Die Behinderung des Jungen war zu schwer. Wisla, so heißt die eineinhalbjährige Hündin, ging zwar liebevoll mit dem Jungen um, aber eine Entlastung war sie nicht. Im Gegenteil: Ein junger Hund will spielen und die Welt entdecken. Und diese Möglichkeiten konnten meine Freunde ihrem Hund nicht bieten. Für Spaziergänge und Spielstunden blieb ihnen einfach keine Zeit.

◆ **Liebe auf den zweiten Blick:** Die erste Begegnung zwischen Wisla und mir verlief alles andere als freudig und friedlich. Von Liebe auf den ersten Blick keine Spur. Wir trafen uns in der Wohnung einer gemeinsamen Freundin, für Wisla also auf fremdem Territorium. Besitzer und Hund hatten eine weite Reise von Dänemark nach Freiburg hinter sich. Vielleicht waren sie alle müde und abgespannt, aber ob dies das Verhalten von Wisla erklärt, glaube ich nicht. Wisla fletschte die Zähne, knurrte und sträubte die Nackenhaare. Ich redete auf sie ein und versuchte sie mit Leckerli zu verführen. Aber vergeblich! Was tun? Ich sah buchstäblich, was in den Köpfen meiner Freunde ablief. Sie dachten, ich sei nicht der Richtige für ihre Wisla. Unsere »Chemie« schien nicht zu stimmen. Aus der Begegnung mit Wildtieren wusste ich, dass Geduld gefordert ist. Abwarten und entspannt das Tier beobachten war angesagt. Ich unterhielt mich mit meinen Freunden weiter, ohne Wisla aus den Augen zu verlieren. Das waren die ersten ernüchternden Stunden.

◆ **Das Eis ist gebrochen:** Am nächsten Tag gingen wir alle gemeinsam spazieren. Wisla kannte mich nun schon, und ich wartete, bis sie freiwillig Kontakt mit mir aufnahm. Ich wollte sie auf keinen Fall bedrängen. Ein Stock zum Spielen brachte das Eis zum Brechen. Sie war in Spiellaune, und das half mir, ihr näher zu kommen. Ich habe sie bewusst nicht mit Futter verführt, weil ich sie in Aktion erleben wollte. Wir tobten völlig entspannt auf einer Wiese. Sie vergaß sich, wie es auch Kinder beim Spielen tun. Der erste Spaziergang öffnete das Fenster ihrer Gefühlswelt einen Spalt breit. Sie zeigte mir, dass sie bei der Begegnung mit anderen Hunden friedlich, aber vorsichtig bis ängstlich war, auf andere Menschen freudig oder desinteressiert reagierte. Kinder hatte sie in ihr Herz geschlossen. Wie sie um den

TIPP

Sich richtig annähern

Wenn Sie einen älteren Hund ins Haus holen, berücksichtigen Sie seine Vergangenheit. Der Hund muss sich umstellen. Er muss eine neue Umgebung und für ihn fremde Menschen kennen lernen. Bedrängen Sie das Tier nicht mit Ihren Gefühlen und Vorstellungen. Lassen Sie ihm Zeit. Begegnen Sie unerwünschtem Verhalten nicht gleich mit Härte und Strafe. Verändern Sie das Verhalten erst, wenn das Tier eine Bindung zu Ihnen aufgebaut hat, durch Belohnung.

DIE PERSÖNLICHKEIT DES HUNDES ERKENNEN

Nicht jeder Artgenosse ist willkommen. Ebenso wie beim Menschen gibt es auch unter Hunden Sympathien und Antipathien.

Stock mit mir kämpfte, zeigte ihren starken Kampftrieb. Sie ließ nicht locker, bis der Stock ihr gehörte. Immer wieder kehrte sie schwanzwedelnd zu ihren Besitzern zurück, was ihre Anhänglichkeit demonstrierte. Sie zeigte viele Facetten ihrer Gefühle, die mir sympathisch waren. Gott sei Dank! Auch meine Gefühle ihr gegenüber müssen stimmen, sonst geht gar nichts. Die geringste Abneigung würde sie spüren. Oft ist zwar der erste Eindruck der richtige, aber bei einer Tier-Mensch-Beziehung muss man mehr Sicherheit haben.

◆ **Gefühle müssen sich entwickeln:** In den nächsten Tagen und Wochen beobachtete ich unser neues Familienmitglied intensiv. Gelinde ausgedrückt: Wisla gehorchte schlecht bis überhaupt nicht. Meine Familie bedrängte mich, ihr Gehorsam beizubringen. Was tun? Die häufig vertretene Auffassung, von Anfang an dem Hund zu zeigen, wer der dominante Rudelführer ist, halte ich für falsch. Auch auf die Gefahr hin, dass der Hund mir später auf der Nase herumtanzt, wie die Verfechter dieser Ansicht glauben. Sie berücksichtigt nämlich nicht, dass Gefühle Zeit brauchen, um sich zu entwickeln. Erst wenn der Hund Vertrauen, Sicherheit und Zuneigung entwickelt hat, ist der Zeitpunkt gekommen, mit einfachen Gehorsamsübungen zu beginnen (→ Seite 44/45).

Der Hund versteht mich jetzt besser und ich ihn. Ich weiß nun, ob er ängstlich, scheu oder mutig ist. Je nachdem, kann ich auf seine Grundgefühle besser eingehen. Einen ängstlichen Hund mit dominantem Bossgehabe zu erziehen ist der falsche Weg. Er verliert dadurch nur noch mehr Selbstvertrauen. Er braucht viel eher Förderung im guten Sinne des Wortes.

Gefühle sind individuell ausgeprägt

Viele Gefühle teilen wir mit Hunden. Wie bei uns Menschen sind aber Eifersucht Trauer, Freude und Liebe bei Hunden ebenso vom Individuum abhängig. Kein Organismus fühlt vermutlich gleich, sondern immer nur ähnlich. Eine Binsenweisheit, würde man denken, aber bei unseren Lieblingen setzen wir die Messlatte höher an. Da wir die Gefühle nicht direkt messen können, sprechen wir sie ihnen ab oder übertreiben. Beide Einstellungen tragen nichts zum besseren Verständnis unserer Vierbeiner bei. Es ist wichtig zu wissen, ob mein Hund sehr eifersüchtig ist oder ob er gelassen mit diesem Gefühl umgeht. Eine kleine Geschichte mag dies illustrieren.

◆ **Robby und Teddy:** Robby, ein lieber, liebenswürdiger Golden Retriever, lebte mehrere Jahre mit dem langhaarigen Schäferhund Teddy zusammen, bis dieser starb. Beide Hunde waren in ihrer Gefühlsausstattung sehr verschieden. Im Gegensatz zu Robby kannte Teddy das Gefühl der Eifersucht kaum. Er war sich meiner sicher. Robby dagegen quittierte die geringste vermeintliche Benachteiligung mit lautem Bellen. Bei der Begrüßung schob er sich immer vor Teddy. Glücklicherweise störte das Teddy nicht im Geringsten. Er war die Ruhe selbst und der Boss in der Hundegemeinschaft. Nach ausgiebigem Streicheln zog Teddy sich zurück. Ganz anders Robby. Er konnte nicht genug bekommen. Zum Glück für uns und die Tiere, denn ihre unterschiedlichen Charaktere erlaubten ein friedliches Zusammenleben ohne Streitereien.

◆ **Robby und Wisla:** Ganz anders gestaltet sich das Zusammenleben zwischen Robby und Wisla, der Bernhardinerhündin. Auf den ersten Blick sollte es friedlicher sein, weil Rüden und Hündinnen

TIPP

Hunde sind Individualisten

Die individuelle Persönlichkeit des Hundes ist wichtiger als seine Rassemerkmale. Ein ängstlicher Hund beispielsweise braucht sehr viel Zuspruch und Zuwendung. Ein forscher Hund dagegen muss ab und zu gebremst werden. Um einen ängstlichen Hund auszubilden, müssen Sie ihm zuerst die Angst nehmen. Der Draufgänger, der um jeden Preis seinen Willen durchsetzen will, braucht Regeln, die Sie ihn liebevoll, aber durchaus konsequent lehren sollten.

DIE PERSÖNLICHKEIT DES HUNDES ERKENNEN

sich in aller Regel gut verstehen. Aber dem ist leider nicht so. Beide suchen die Zuneigung der Menschen und sind aufeinander eifersüchtig. Nach Rückkehr von einer langen Reise freuten sich beide aufs Wiedersehen. Robby bellte wie immer, wedelte kräftig mit dem Schwanz und drückte sich an Wisla vorbei. So wie er es immer tut. Die Reaktion von Wisla kam prompt. Sie schnappte nach Robby und attackierte ihn. Reflexartig griff ich ein und brüllte sie an. Sie erschrak und ließ von ihm ab. So weit so gut. Aber man darf beide Tiere nicht mit diesem Gefühl zurücklassen, weil sich sonst später Feindschaft ausbilden könnte. Was also tun? Nach dem Streit rief ich beide Tiere zu mir, streichelte sie mit der linken bzw. rechten Hand, sprach mit ihnen und drückte sie an mich.

Ziel dieser Handlungen ist: Robby Sicherheit und Geborgenheit zu geben und Zuneigung zu zeigen. Und Wisla? Sie sollte spüren, dass sie geliebt und von uns nicht zurückgesetzt wird, aber Robby nicht angreifen darf. Es ist manchmal schwierig, in die Köpfe der Tiere zu schauen oder die Gefühle unserer Mitgeschöpfe besser zu verstehen. Aber es lohnt sich.

◆ **Das ist für Sie und Ihren Hund wichtig:** Hunde zeigen wie alle Lebewesen ihr typisches Artverhalten. Viele dieser Verhaltensmerkmale sind genetisch fixiert. Für alle Hunde gilt, dass sie nicht gerne alleine leben. Ihre Gene fordern das Rudel, in dem sie bestimmte Regeln befolgen müssen und wollen. Der Mensch ersetzt das Rudel. Ihre Gene bestimmen auch, dass sie bei Freude mit dem Schwanz wedeln und bei Erregung bellen usw. Diese ererbten Verhal-

1

Freudig erregt
Auch Hunde haben starke Gefühle, d man ihnen ansehen kann, wenn man s gut genug kennt. Aisha zeigt mit ihrer Kö perhaltung und der Mimik, dass sie si freut. Winkt dort Frauchen etwa mit eine Leckerli in der Hand?

tensweisen zeigen die Grenzen einer Art auf. Diese Grenzen zu überschreiten ist Tierquälerei. Einem Hund zu verbieten, seine Nase einzusetzen, wäre so ein Fall. Aber Hunde sind Persönlichkeiten. Es gibt nicht den Hund. Alle Hunde unterscheiden sich, obwohl sie gemeinsame Verhaltensweisen haben. Der Schlüssel zur Hundepersönlichkeit ist das Wissen um die Gefühle des Hundes. Ein Bild verdeutlicht diesen Gedanken: Der Bilderrahmen setzt die Grenzen eines Kunstwerkes. Das Bild selbst entsteht durch die Malkunst.

Wie erkennen Sie die Gefühle Ihres Hundes?

3

spannt und aufmerksam

ausgesprochen feinen Gehör eines des entgeht fast nichts. Aisha hat im etwas rascheln gehört. Ist es vielnt ein leckeres Mäuschen? Gespannt rt sie an der Stelle, von der die Geräue ausgingen.

Ganz schön wütend

Wenn Frauchen in der Nähe ist, traut sich Aisha auch mal wütend über einen Artgenossen zu sein, den sie nicht mag. Knurrend und bellend zeigt sie ihm die Zähne. Der Schwanz hängt nach unten. »Hau bloß ab, du Widerling«, heißt das übersetzt.

Wie erkennen Sie die Gefühle Ihres Hundes?

Auf den ersten Blick scheint es sehr schwierig zu sein, die Gefühle des Hundes zu erkennen, denn die Gefühle liegen in einer uns verborgenen Welt innerhalb des Organismus. Welche Verbindung besteht zwischen der inneren und der äußeren Welt? Zum Glück offenbaren viele Verhaltensweisen die Gefühle eines Hundes. Die Trauer eines Hundes ist, wie der berühmte Verhaltensforscher und Nobelpreisträger Konrad Lorenz feststellte, leicht zu erkennen. Der Hund verhält sich ruhiger, seine Augen haben einen anderen Ausdruck, und seine Ohrenstellung verändert sich. Ein Hund, der sich duckt und den Schwanz einzieht, fürchtet sich. Wenn er die Zähne fletscht und die Nackenhaare sträubt, dann droht er. Diese Verhaltensweisen versteht jeder.

Die Hunde teilen uns ihre Gefühle mittels Mimik, Gestik und Lautäußerungen mit. Schwieriger wird es, wenn ein Signal nicht eindeutig einem Gefühl zugeordnet werden kann. Zähnefletschen bedeutet nicht unbedingt Angriff, sondern kann auch Unsicherheit ausdrücken. Die Fotos oben zeigen verschiedene Verhaltensweisen wie Freude, Aufmerksamkeit oder Wut.

15

Können Sie die Gefühle Ihres Hundes beeinflussen?

Aggressive männliche Hunde werden in der Regel kastriert. Ziel ist es, die Hunde friedlicher zu stimmen. Oft gelingt dies auch, wenn man den richtigen Zeitpunkt wählt.

◆ **Was die Kastration bewirkt:** Bei der Kastration werden dem Rüden die Hoden entfernt, und der Organismus produziert kein Männlichkeitshormon, das Testosteron, mehr. Viel Testosteron im Blut steigert die Aggressivität. Selbst Löwenmänner werden zu Schmusekätzchen, wenn man sie kastriert. Die Versuchung ist also groß, bissige, dominante Hundemänner zu kastrieren. Aber das ist nur die eine Seite der Medaille. Das Verhalten des Tieres verändert sich grundlegend. Und seine Persönlichkeit wird entscheidend verändert. Viele positive Seiten verschwinden für immer. So werden z. B. die Aufmerksamkeit und der Kampftrieb geringer. Leider neigen diese Hunde auch zur Fettsucht. Daher mein Tipp: Kastration nur dann, wenn alle Erziehung, jegliches Einfühlungsvermögen und selbst Beschäftigung nicht mehr helfen.

◆ **Krankhafte Gefühle:** Krankhafte Angst, Furcht oder Zwangsneurosen entstehen durch Fehlsteuerungen im Gehirn. Oft ist das Zusammenspiel bestimmter chemischer Substanzen gestört. Entweder wird ein Stoff zu viel oder zu wenig produziert. Bei schweren Krankheitsfällen kann es zum totalen Zusammenbruch des chemischen Gerüsts im Gehirn kommen. Da helfen nur noch Medikamente. Wie gut sie helfen, zeigte mir Karen Overall, eine berühmte Tierärztin aus den USA. Seit Jahren hat sie sich auf psychische Erkrankungen bei Tieren spezialisiert, und sie ist eine Kapazität auf diesem Gebiet. Sie zeigte mir Cody, einen Dalmatinerrüden, der von einem Tag auf den anderen begann, sich im Kreise zu drehen und sich in den Schwanz zu beißen. Damit nicht genug. Wenn die Besitzer ihn dabei unterbrechen wollten, bedrohte er sie. Karen Overall verabreichte ihm Medikamente, die für Menschen mit Zwangsneurosen entwickelt wurden. Sie wirkten auch bei Cody. Seitdem muss Cody täglich seine Tabletten schlucken und lebt fast so normal wie früher. Klar, Cody ist nicht geheilt, aber mit der Tablette lässt sich's leben. Cody ist kein Einzelfall. Immer mehr Hunde leiden an psychischen Problemen. Eine Schätzung ergibt, dass etwa 15 Prozent aller Hunde an

INFO

Zwanghaftes Verhalten

Dreht sich Ihr Hund z. B. immerzu im Kreis und versucht, sich in den Schwanz zu beißen, kann das der Beginn einer Neurose sein. Schauen Sie in diesem Fall nicht amüsiert zu, sondern unterbrechen Sie dieses Verhalten. Lenken Sie Ihren Hund beispielsweise durch vertraute Geräusche wie etwa das Rascheln mit Papier ab oder geben Sie ihm ein Leckerli und sprechen Sie beruhigend auf ihn ein. So verhindern Sie, dass aus der Störung ein ritualisiertes Verhalten wird.

Können Sie die Gefühle Ihres Hundes beeinflussen?

Frauchen braucht heute ganz besonderen Trost. So viel ist klar, kein Tier versteht die Gefühle des Menschen so gut wie der Hund.

Trennungsangst leiden. In Abwesenheit ihres Halters verfallen sie in Panik, jaulen, kläffen ununterbrochen und zerstören oder verunreinigen die Wohnung. In ganz schweren Fällen verabreicht der Tierarzt ein Medikament, das auf die Psyche des Tieres wirkt. Aber noch besser ist eine Verhaltenstherapie beim Fachtierarzt. Am besten ist natürlich die Anschaffung eines zweiten Hundes, denn allein sein ist für das Rudeltier Hund schwer.

Medizinische Eingriffe und Tabletten benötigen glücklicherweise nur wenige Hunde. Die Mehrzahl der Vierbeiner begnügt sich mit dem Menschen als Rudelgenosse.

◆ **Mensch und Hund verstehen sich:** Mensch und Hund erahnen die Gefühle des anderen. Sie leben in einer Art Gefühlssymbiose. Kein Tier auf diesem Planeten versteht die Gefühle des Menschen so gut wie der Hund. Das ist kein Zufall, sondern das Ergebnis eines jahrtausendelangen Zusammenlebens und der Zucht. Der Mensch hat sich den Hund nach seinem Abbild geschaffen. Daher ist es kein Wunder, dass der Mensch durch kluges Handeln die Gefühle seines vierbeinigen Freundes beeinflussen kann. Übertriebene Eifersucht und Angst lassen sich mit viel Geduld und Wissen entsprechend abgewöhnen.

DIE PERSÖNLICHKEIT DES HUNDES ERKENNEN

Gefühle lassen sich steuern

Eifersucht, Angst und Trauer sind starke Gefühle. Hier drei praktische Beispiele dafür, wie Sie mit den Gefühen Ihres Hundes umgehen sollten.

■ Eifersucht

Seit das Baby da ist, verhält sich unser Hund merkwürdig. Er will immerzu gestreichelt werden und drängelt sich regelrecht unangenehm auf. Was können wir tun?
Ein Baby zieht unbewusst alle Aufmerksamkeit und Liebe auf sich. Das ist gut so und wunderbar. Aber das kann Ihr Vierbeiner natürlich nicht verstehen. Er kennt das Baby nicht, für ihn ist es fremd, und er muss sich erst an die neue Person und Situation gewöhnen. Wie erleichtern Sie ihm den Gewöhnungsprozess? Indem Sie häufig im Beisein des Hundes das Baby auf den Arm nehmen und es ihm zeigen. Vergessen Sie dabei nicht, mit ihm und dem Baby zu sprechen. Liebkosen Sie die beiden. Das tut beiden gut, und der Hund lernt, dass er nicht zurückgesetzt wird, sondern seine Liebe teilen muss. Dieser Prozess benötigt etwas Zeit und Geduld. Doch wenn es Ihnen gelingt, trotz Baby Ihrem Hund warmherzige Gefühle zu vermitteln, werden Sie in ihm einen Beschützer und Freund Ihres Babys finden. Sie müssen nicht so weit gehen, wie John Aspinal, der seine Enkelkinder mit Gorillas spielen ließ. Ich habe erlebt, wie zärtlich eine Gorillafrau das Enkelkind in den Arm nahm und mit ihm herumturnte. Ich fragte John Aspinal und die Eltern, ob sie keine Angst um das Kind hätten. Die Antwort kam prompt: »Gorillas leben in Gruppen und sind äußerst zärtlich zu ihren Kindern. Sie erkennen auch, wie hilfsbedürftig ein Menschenkind ist.« Douglas Hamilton, ein Elefantenforscher, spazierte mit seinem Baby unter wilden Elefanten herum, und die Elefantenkühe berochen freudig das Kind. Diese Beispiele zeigen: Hochsoziale Tiere können auch mit fremdem Nachwuchs umgehen, wenn man ihnen die Gelegenheit gibt, ihn kennen zu lernen. Daher mein Spezialtipp: Lassen Sie Ihren Hund das Baby von Kopf bis Fuß beriechen. Vergessen Sie für einen Augenblick die Hygiene.

■ Unsicherheit/Angst

Kürzlich wurde unser Dalmatiner Lucky von einem wesentlich kleineren Hund gebissen. Seitdem fürchtet sich Lucky vor Artgenossen. Treffen wir bei Spaziergängen auf fremde Hunde, bleibt Lucky wie angewurzelt stehen und klemmt den Schwanz ein. Wie kann ich ihm seine Angst nehmen?

Gefühle steuern

Angst lässt sich nur durch viele positive Erfahrungen besiegen. Daher bringen Sie Ihren Lucky mit vielen friedlichen Artgenossen zusammen. Am besten, Sie finden Spielgefährten. Bei diesen Begegnungen macht er die Erfahrung, dass viele seiner Artgenossen friedliche Gesellen sind. Aber das ist nicht alles, denn er lernt dabei Mimik und Gestik der anderen Hunde besser einzuschätzen. Dieses Wissen macht ihn sicherer im Umgang mit den anderen und nimmt ihm allmählich die Angst. Besonders ängstliche Hunde verlieren ihre Furcht nach meiner Erfahrung nie ganz vollständig, aber immerhin kann man die Angst mindern.

Gibt's was Neues? Gespannt verfolgt Aisha, was sich Interessantes in ihrem Umfeld tut.

■ **Trauer**

Vor kurzem starb Maxis Frauchen, und wir übernahmen den Hund. Doch Maxi ist durch nichts aufzuheitern. Er liegt apathisch in seinem Körbchen, frisst kaum noch und kommt nur schleppend herbei, wenn wir ihn rufen. Wie können wir ihm über seine Trauer hinweghelfen?

Menschen bei der Trauer zu helfen ist sehr schwierig. Durch persönliche Anteilnahme und Einfühlungsvermögen in den Trauernden kann man trösten, aber so hart es klingen mag: Eigentlich kann einem niemand helfen. Man muss seine Trauer selbst verarbeiten. Noch viel schwieriger ist es, Tieren über die Trauer hinwegzuhelfen, da sie uns nichts über die Sprache mitteilen können. Am ehesten, denke ich, hilft Maxi ein Artgenosse, mit dem er sich auseinander setzen kann und muss. Vielleicht hilft ihm dies, das Frauchen zu vergessen. Artgenossen sind gute Katalysatoren der Hundeseele. Jeder Spaziergang, bei dem Maxi auf andere Hunde trifft und sich frei bewegen kann, wird ihn ein Stückchen Trauer vergessen lassen.

Nichts los hier. Gelangweilt hat Aisha den Kopf auf die Pfoten gelegt und wartet erst einmal ab.

DIE PERSÖNLICHKEIT DES HUNDES ERKENNEN

Lernen, Denken und Fühlen

Dieses Trio wird uns durch das ganze Buch begleiten. Lernen, Denken und Fühlen bilden eine Einheit und sind auf unterschiedliche Weise miteinander vernetzt.

Lernen

Beim Lernen wird ganz offensichtlich, dass auch Denken und Fühlen eine wichtige Rolle spielen. Einem Tier ein Kunststück beizubringen gelingt leicht, wenn man es mit Futter belohnt. Was nichts anderes ist als die Befriedigung eines elementaren Bedürfnisses, nämlich des Hungers. Um das Gefühl Hunger zu befriedigen, machen Menschen und Tiere fast alles.

Grundsätzlich gilt: Die Triebfeder, warum Menschen und Tiere neue Dinge lernen, ist die zu erwartende Belohnung. Belohnung kann mehr als Futter sein.

Auch hochgeistige Genüsse, wie das Verstehen eines schwierigen mathematischen Prozesses oder das Erleben eines Klavierkonzertes, sind mit einem Gefühlszustand gekoppelt, der lustvoll oder erregend empfunden werden kann. Lernen ohne Gefühlstönung ist bei höheren Organismen fast nicht möglich.

Denken

Und wie steht es mit dem Denken? Jeder weiß, wie schwer es einem fällt, sich auf eine Knobelaufgabe einzulassen, wenn man Angst hat. Meist ist das Gefühl stärker, und man beginnt erst gar nicht mit dem Nachdenken. Bei Tieren ist das nicht viel anders. Bevor sie ein Problem lösen, müssen sie angstfrei sein. Das haben viele wissenschaftliche Untersuchungen belegt. Bei starkem Stress kommt es zu Schreckhaftigkeit und zur Einengung des Denkens und des Verhaltensrepertoires.

Fühlen

Gute Gefühle beflügeln nicht nur Menschen beim Lösen eines Problems, sondern auch die Tiere. Bei unseren Intelligenztests an Hunden war es eine Grundvoraussetzung, dass die Hunde stress- und angstfrei waren (→ Gehirn-Jogging für jeden Tag, Seite 66).

Leicht unterkühlt. Die freundliche Annäherung des Welpen gefällt dem älteren Hund gar nicht.

Lernen, Denken und Fühlen

DIE PERSÖNLICHKEIT DES HUNDES ERKENNEN

Die Sinne des Hundes

Hunde haben eine andere Sinneswahrnehmung als wir. Sie können beispielsweise wesentlich besser riechen. Mit Hilfe ihrer »Supernase« erfahren sie in der Umwelt Dinge, die uns verborgen bleiben.

Hunde nehmen die Umwelt anders wahr als wir Menschen. Diese Binsenwahrheit zu verstehen bzw. zu begreifen fällt uns unglaublich schwer, weil wir selbst Gefangene unserer Sinnesorgane sind.

Das Eintauchen in eine andere Welt ist aber Voraussetzung, um das Verhalten unserer Vierbeiner zu verstehen. Wer nicht weiß, wie unsere Hunde die Außenwelt wahrnehmen, missdeutet ihr Verhalten und kann sie überfordern. Ein kleines Beispiel soll Ihnen dies verdeutlichen.

Einen Hund darauf abzurichten aus einer Anzahl farbiger Kisten – z. B. der roten –, einen Gegenstand zu apportieren, ist sinnlos, da er kein Rot sieht. Hunde können nicht zwischen Grün, Gelb, Orange und Rot unterscheiden. Die Farben einer Verkehrsampel sehen sie nicht. Das rote Stoppzeichen und das grüne Signal für Gehen erkennen sie nur an der Helligkeit und an der Position des Lichtes. Menschen, die an einer Rotgrünblindheit leiden, sehen vielleicht die Welt ähnlich.

Diese Menschen können auf einer Karte mit lauter roten und grünen Punkten die roten oder die grünen nicht erkennen. Sie sehen die Welt dennoch farbig. Hunde sind keine Augentiere wie wir, sie sind dafür aber Meister des Geruchs. Kein domestiziertes Tier verfügt über eine so feine Nase.

Wie eröffnen Sie sich die Sinneswelt des Hundes?

Auf den ersten Blick scheint es einfach, die Welt mit den Augen eines Hundes zu sehen. Doch die Schwierigkeiten liegen im Detail. Um eine exakte Aussage zu treffen, wie gut Hunde riechen, sehen und hören, bedarf es ausgeklügelter Versuchsserien. Wir beschränken uns auf das Prinzip. Es beruht auf Unterscheidungslernen. Will man testen, welche Farben Hunde wahrnehmen, geht man vor, wie im Test auf Seite 27 beschrieben. Ähnliche Versuche öffnen die anderen Sinne (→ Seite 29 und Seite 31).

Die Sinneswelt des Hundes kennen lernen

Warum es wichtig ist, etwas über die Sinneswelt der Hunde zu wissen

Etwas über die Sinneswelt des Hundes zu wissen erleichtert das Zusammenleben. Häufig stört uns ihr Gebelle und Gekläffe. Wir sind ratlos und werden wütend, weil wir nicht wissen, warum das »blöde Vieh« so viel Lärm macht. In Wirklichkeit hören oder riechen sie etwas, was ihnen bedrohlich erscheint und was uns verborgen bleibt. Ihre gute Absicht, Haus und Hof zu verteidigen, wird von uns nicht verstanden, weil unsere Sinne die mögliche Gefahr nicht wahrnehmen. So manche unerklärliche Schreck- und Angstreaktion unserer Lieblinge hat eine einfache Erklärung. Sie hören hohe Töne, die unser Ohr nicht mehr wahrnimmt. Bei jeder Tierart haben sich im Laufe von Millionen Jahren Sinnesorgane herausgebildet, die ihnen optimales Überleben gestatten. Bestes Beispiel dafür ist die Flutkatastrophe in Ostasien. Beim Tsunami sind viel weniger Großsäuger getötet worden als Menschen. Die Elefanten nahmen mit ihren Sinnesorganen die Druckwellen wahr und flüchteten auf die Hügel.

Hunde sind Meister des Geruchs. Sie »sehen« die Welt mit der Nase.

DIE PERSÖNLICHKEIT DES HUNDES ERKENNEN

Mit den Augen eines Hundes

Wie sehen Hunde? Das Licht durchdringt das Hundeauge und wird von den Sinneszellen, den Stäbchen und Zapfen, die sich in der Netzhaut befinden, absorbiert. Diese Sinneszellen senden elektrische Signale ins Gehirn, wo ein Bild entsteht. Nun wird es spannend, denn die Verteilung der Sinneszellen auf der Netzhaut ist unterschiedlich. Das heißt, man sieht nicht an allen Stellen gleich gut. Wo die Sinneszellen am dichtesten angeordnet sind, sehen die Lebewesen am schärfsten. Ähnlich den Digitalkameras – je mehr Pixel, desto schärfer das Bild.
Die Netzhaut der Hunde hat im Gegensatz zum Menschen zwei bevorzugte Stellen, an denen die Sinneszellen ganz dicht gepackt sind. Es ist einerseits die Area centralis. Hier sind die Sinneszellen kreisrund angeordnet. Andererseits die Horizontalstreifen, hier liegen die Sinneszellen wie Pflastersteine einer Straße dicht beieinander. Das war jedenfalls der Wissensstand bis vor kurzem. Aber in den letzten Jahren sind australische Forscher dem Geheimnis, wie Hunde sehen, etwas mehr auf die Spur gekommen.
Die Neurologin Alison Harman machte eine verblüffende Entdeckung. Sie untersuchte die Netzhaut verschiedener Hunderassen und stellte dabei fest, dass viele Hunderassen mit kurzer Schnauze gar keine horizontalen Streifen mit Stäbchen besitzen. Hunde mit langen Schnauzen besaßen hingegen die Streifen. Das war eine riesige Überraschung und erklärt, warum manche Hunde ein größeres Blickfeld haben als andere.

Faszinierend, die blauen Augen des Siberian Husky. Hunde sehen die Welt anders als wir Menschen.

Kurze Schnauzen »sehen« besser

Was bedeutet dies in der Praxis? Hunde mit langen Schnauzen und horizontalen Streifen sehen Lebewesen in der Peripherie viel leichter. Sie sind deshalb auch die besseren Jäger, weil sie ihre Beute am Horizont erkennen. Es ist also kein Zufall, dass Jagdhunde eine lange Schnauze besitzen.
Doch Hunde ohne diese Streifen, also nur mit einer Area centralis, erkennen dafür im Gesicht ihres Besitzers die Nuancen seines Ausdrucks besser. Denn in ihrer Area centralis sind viel mehr Sinneszellen als bei den

Räumliches Sehen

langschnauzigen Hunden. Vielleicht ist dies der Grund, warum wir Bulldoggen, Boxer und andere Hunde mit kurzen Schnauzen so attraktiv finden. Sie schauen uns in die Augen, und wir schmelzen dahin.

Ganz nebenbei wurde eine alte Streitfrage gelöst, nämlich die, warum manche Hunde gern fernsehen und andere nicht. Unsere gemütlichen Bulldoggen haben dabei viel mehr Genuss, weil sie das Fernsehbild deutlich besser sehen.

Scharf sehen

Wie scharf wir ein Bild oder einen Gegenstand sehen, hängt unter anderem davon ab, wie dicht die Sinneszellen angeordnet sind. Beim Menschen ist die Dichte viel größer als bei Hunden, also sehen wir Gegenstände schärfer. Was heißt das? Menschen können beispielsweise zwei Kieselsteine gleicher Größe, die in einem Abstand von einem halben Zentimeter liegen, noch in einer Entfernung von vier Metern als zwei Kieselsteine erkennen. Hunde dagegen sind nicht in der Lage, so genau zu differenzieren. Für sie ist es ein Kieselstein, der da liegt. Erst wenn sie sich auf zwei Meter nähern, sehen sie zwei Kieselsteine. Die Sehschärfe des Hundes liegt folglich 50 Prozent unter der des Menschen. Erwarten Sie also nicht, dass ein Hund Sie erkennt, wenn Sie in großer Entfernung ruhig am Rande eines Feldes stehen. Er sieht Sie nicht. Erst wenn Sie mit den Händen winken, erkennt er Sie und kommt freudig herbei. Hunde sehen nun mal Objekte, die sich bewegen, viel leichter. Beachten Sie dies, wenn Sie einen Hund aus großer Entfernung zu sich holen wollen (→ Der Augen-Test, Seite 27).

Räumliches Sehen

Das Blickfeld (Gesichtsfeld) des Hundes beträgt 150 Grad und ist deutlich größer als beim Menschen. Der Hund sieht also Gegenstände, die sich seitlich nähern, früher als wir. Das hat seinen Preis. Im räumlichen (stereoskopischen) Sehen ist er dafür schlechter. Sein Gesichtsfeld beträgt 85 Grad, das des Menschen dagegen 120 Grad. Räumliches Sehen ist natürlich für den Menschen besonders wichtig, denn es hilft ihm, Entfernungen gut abzuschätzen. Diese Fähigkeit machte ihn zum Werkzeugmacher unter den Säugetieren. Wie wichtig diese Fertigkeit ist, können Sie selbst überprüfen. Versuchen Sie doch beispielsweise einmal, mit nur einem offenen Auge einen Faden in eine Nadel einzufädeln!

> **TIPP**
>
> **Hunde sehen die Welt anders als wir**
>
> Hunde, die von Natur aus vorsichtig sind, begegnen unbekannten Gegenständen, wie z. B. einem Krahn oder einem umgefallenen Baumstamm, oft mit drohendem Bellen. Für uns ist dieses Verhalten nicht zu verstehen, weil wir nichts Bedrohliches wahrnehmen. Führen Sie den Hund in diesem Fall zu dem Gegenstand und lassen Sie ihn intensiv daran schnuppern. So erkennt er, dass keine Gefahr von dem fremden Gegenstand ausgeht.

Sehen im Dämmerlicht

In diesem Punkt sind die Hunde uns überlegen. Ihre Hornhaut und ihre Linse nehmen bei schwachem Licht mehr Licht auf, und im Augenhintergrund gibt es eine Zellschicht (Tapetum), die das Restlicht wie ein Spiegel reflektiert. Ihre Vorfahren konnten deshalb gut in der Dämmerung jagen. Darum Vorsicht: Hunde wildern besonders gern in der Dämmerung. Sie sehen Wild, das Sie nicht sehen können.

Farben sehen

In der Welt der Hunde spielen Farben sicherlich keine bedeutende Rolle, und dennoch ist es nicht so, dass sie keine Farben sehen, wie man lange glaubte. Hunde haben keine Sinneszellen, die Rot absorbieren (→ Seite 22). Dieser Kurztrip in die Sehwelt des Hundes zeigt, wie unterschiedlich er im Vergleich zu uns die Welt sieht. Und immer wieder wird man von Neuem überrascht.

Woher weiß der Hund, dass er ein Hund ist?

In einer zweijährigen Studie untersuchten wir genau diese Frage. Vielleicht erscheint sie Ihnen absurd. Und was hat sie mit den Sinnen des Hundes zu tun? Doch meines Erachtens ist sie gar nicht so weit hergeholt. Schließlich gibt es keine Tierart, die sich äußerlich so unterscheidet wie die Hunde: Ein Bernhardiner beispielsweise sieht doch völlig anders aus als ein Rehpinscher – oder etwa nicht? Bei unseren Untersuchungen kamen wir zu keinem eindeutigen Ergebnis. Vieles spricht aber dafür, dass sich Hunde auch am äußeren Erscheinungsbild erkennen.

Quasi als Nebenprodukt dieser Studie entdeckten wir etwas Überraschendes. Mein eigener Schäferhund erkannte mich nicht mehr, als ich mir einen Eimer über den Kopf stülpte und auf allen vieren vor ihm herlief. Seine Reaktion war nicht ungefährlich. Er versuchte mich zu beißen. Dies kam für mich völlig unerwartet, weil alle im Team dachten, er riecht meinen vertrauten Geruch. Als ich dagegen – mit dem Eimer über dem Kopf – vor ihm kniete, wusste er sofort, wer ich bin.

◆ **Verändertes Aussehen:** Wir testeten mehrere Hunde, deren Halter und eine vertraute Person. Alle sind im Versuchsraum und beschäftigen sich miteinander. Nach ungefähr zehn Minuten wird der Hund von der bekannten Person aus dem Versuchsraum geführt und dem Halter währenddessen ein Eimer über den Kopf gestülpt. Außerdem wird er auf alle viere gebeten. Dieser Vorgang dauert etwa zwei bis drei Minuten. Dann wird der Hund hereingeführt, seine Reaktion protokolliert und auf Video aufgezeichnet. Die Reaktionen der Hund waren unterschiedlich. Manche versuchten anzugreifen, andere wiederum hatten Angst.

Der Augen-Test

Probieren Sie aus, welche Farben Ihr Hund wahrnehmen und auf welche Entfernung er Sie erkennen kann. Machen Sie diese beiden Tests:

■ Der Farben-Test

Übungsaufbau: Bieten Sie Ihrem Hund einen grünen und einen blauen Futternapf an. Nur im grünen findet er Futter, im blauen dagegen nicht.

Übungsablauf: Nach fünf bis zehn Fütterungen hat der Hund gelernt, dass er nur Futter im grünen Futternapf findet. Nun könnte man einwenden, der Hund riecht, wo das Futter ist. Zur Kontrolle gibt man das Futter in den blauen Napf. Sucht der Hund im grünen, kann man den Geruch ausschließen. Nun vertauscht man die Plätze der Futternäpfe, um sicher zu sein, dass sich der Hund nicht den Ort gemerkt hat. Jetzt wird es schwierig, denn jede Farbe hat einen bestimmten Grauton. Was das bedeutet, wird einem sofort klar, wenn man beim Fernseher die Farben wegdreht. Es könnte also sein, dass der Hund keine Farben, sondern nur die Grautöne sieht, wie man lange glaubte. Durch weitere ausgeklügelte Lernversuche konnte man jedoch beweisen, dass Hunde Farben sehen. Zwar ist ihre Welt nicht so bunt wie unsere, aber immerhin.

■ Der Distanz-Test

Heute haben wir exakte Zahlen darüber, wie gut ein Hund über eine große Distanz sieht. Schäferhunde erkennen eine Person nicht, wenn sie in einer Entfernung von 585 Metern ruhig steht, aber sie erkennen sie problemlos, wenn sie sich in 900 Meter Entfernung bewegt. Mit meinem eigenen Hund wollte ich dieses Ergebnis überprüfen.

Übungsaufbau: Mit zwei guten Freunden, die mein Hund sehr gut kennt, machten wir folgenden Test: Während des Spazierengehens entfernten sich die beiden unbemerkt und tauchten nach fünf Minuten im Abstand von ungefähr 500 und 900 Metern wieder auf und blieben regungslos stehen.

Übungsablauf: Mein Hund reagierte überhaupt nicht auf die beiden, obwohl er in die Richtung schaute. Erst als die weiter entfernte Person winkte, wedelte er mit dem Schwanz und fiepste. Sein Verhalten sprach ebenfalls Bände. Er rannte freudig auf meinen Freund zu und beachtete den näher Stehenden gar nicht. Und was macht Ihr Hund?

Aber alle erkannten ihren Besitzer, wenn er mit dem Eimer über dem Kopf nicht auf allen vieren vor ihnen herlief, sondern vor ihnen kniete. Vielleicht erklärt dieser Versuch plötzliche Attacken von Hunden auf Kinder. Im Spiel zieht sich das Kind zufällig etwas über den Kopf. Der Hund erkennt das Kind nicht mehr und greift an. Was er in dieser konkreten Situation sieht oder wahrnimmt, können wir bisher nur erahnen.

◆ **Achtung!** Keinesfalls sollten Sie den beschriebenen Versuch mit Ihrem Hund ausprobieren. Die Reaktion des Hundes ist unberechenbar!

Mit der Nase eines Hundes

Die Menschheit nutzt schon sehr lange die Nase der Hunde. Früher als Fährtensucher, heute als empfindlichen Detektor der Geruchsstoffe. Hunde helfen dem Menschen bei der Drogenfahndung, in der Medizin bei der Früherkennung von Blasenkrebs, bei der Suche nach Vermissten und der Verbrechensbekämpfung. Einige Zahlen verdeutlichen, wie sehr der Hund uns beim Riechen überlegen ist.

»Supernase« Hund

Der Mensch besitzt etwa fünf Millionen Riechzellen, der Hund 200 Millionen. Sein Riechzentrum im Gehirn ist 7- bis 14-mal größer als das des Menschen. Ein Drittel des Hundehirns bearbeitet die Signale aus der Nase, beim menschlichen Gehirn dagegen nur ein Zwanzigstel. Der Schäferhund z. B. benötigt 500.000 Essigsäuremoleküle in einem Milliliter Luft, damit er die Essigsäure riechen kann, ein Mensch aber dagegen 50.000.000.000.000.

Beim Riechen gibt es Unterschiede

Das Riechvermögen der einzelnen Hunderassen ist verschieden. Zu den Champions gehören die Schäferhunde. Die Spezialisten unter ihnen können sogar Moleküle (Substanzen) riechen, die durch die Schuhsohle dringen. Der Hundenase bleibt fast nichts verborgen. Zugegeben, nicht alle Substanzen werden gleich gut gerochen. Sicher ist: Der Geruchssinn dient dem Hund zur Kommunikation. Was er im Einzelnen dadurch mitteilen kann, bleibt uns noch weitgehend verborgen. Vielleicht ist es eine verschlüsselte Sprache. Für Sexuallockstoffe haben Hunde ein besonderes Organ – das Jacobsonsche Organ – entwickelt. Es liegt im Nasenboden. Die Information, wie gut ein Weibchen riecht, wird von dort

Hier lohnt sich das Schnüffeln und Buddeln. Der Hund hat das Rascheln einer Maus gehört.

Der »Supernasen«-Test

Nichts machen Hunde lieber, als mit ihrer Nase die Umwelt zu erforschen. Finden Sie heraus, wie gut Ihr Hund riechen kann.

■ Der Salami-Test

1. Übungsaufbau: Lassen Sie den Hund ausgiebig an einem Salamistück riechen. Bringen Sie ihn dann aus dem Zimmer. Ziehen Sie mit der Salami eine Geruchsspur am Boden und verstecken Sie das Stück Salami. Holen Sie den Hund wieder ins Zimmer und fordern Sie ihn auf, die Salami zu suchen.

1. Übungsablauf: Ohne zu zögern, wird er die Spur aufnehmen.

2. Übungsaufbau: Nun wird es etwas schwieriger für den Kandidaten. Gleicher Versuch, nur mit einer Ausnahme. Sie lassen den Hund wieder an der Salami riechen. Nachdem er den Raum verlassen hat, ziehen Sie ein Stück Käse über die Salamispur. Nach einigen Metern gabelt sich Käse- und Salamispur.

2. Übungsablauf: Ihr Hund folgt der Salamispur. Wir hätten überhaupt keine Chance bei diesem Versuch, weil wir nur einen »Geruchsbrei« riechen würden.

3. Übungsaufbau: Der Beginn des Versuches ist wie gehabt. Doch nun reiben Sie etwas Salami auf die Schuhsohle und marschieren los.

3. Übungsablauf: Der Hund schnuppert aufgeregt am Anfang der Fußspur, folgt ihr aber nicht. Warum? Hunde sind in der Lage, die Konzentration eines Geruchsstoffes zu erkennen, und folgen immer der höheren Konzentration. Die Geruchskonzentration nimmt natürlich mit jedem Schritt ab. Also bleibt er am Start.

■ Der Duftnoten-Test

Übungsaufbau: Reiben Sie kräftig mit einer Gabel oder einem Löffel an Ihrem Unterarm. Das gleiche macht ein Freund. Voraussetzung ist: Die beiden Gabeln sehen genau gleich aus. Verstecken Sie die Gabeln an unterschiedlichen Stellen so, dass der Hund es nicht sehen kann.

Übungsablauf: Lassen Sie den Hund am Unterarm Ihres Freundes oder an seinem Kleidungsstück ein bis zwei Minuten riechen. Dann fordern Sie ihn sofort auf, die Gabel des Freundes zu suchen. Die Erfolgreichen können gut zwischen Ihrem und dem Geruch des Freundes unterscheiden und finden die richtige Gabel. Was riecht Ihr Hund? Er riecht die abgeschilferten Hautzellen auf der Gabel.

DIE PERSÖNLICHKEIT DES HUNDES ERKENNEN

Hundeohren bleibt fast nichts verborgen. Sie können selbst die feinsten Geräusche wahrnehmen.

ohne Umwege ins Gehirn (limbische System) geleitet, wo Gefühle entstehen.

Mit den Ohren eines Hundes

Hundeohren machen es kleinen Säugetieren wie Mäusen nicht leicht zu fliehen. Ihren beweglichen Lauschern, die wie Radarschirme den Raum nach Geräuschen absuchen, entgeht wenig. Ihre Hörschärfe ist deutlich besser als die des Menschen. Hunde können zwei Schallquellen in großer Entfernung leichter orten als wir. Für uns klingen sie nur wie eine Schallquelle. Ein Hund kann Geräusche etwa zehnmal feiner lokalisieren als der Mensch. Das macht das Aufspüren der Beute leichter. Zudem hilft Hunden, dass sie Töne im Ultraschallbereich wahrnehmen. Sie hören im Frequenzbereich von 20 Hertz bis 60.000 Hertz. Wir Menschen hören im Bereich von 15 bis 20.000 Hertz. Ihre Ohren nehmen also hohe Töne wahr, die uns verborgen bleiben. Das ist der Grund, warum man Hunde auf hochfrequente Pfeiftöne dressieren kann. Das gute Gehör unseres Freundes nutzen Hunde-(Dressur)schulen, indem sie den Klicker einsetzen. Das Klickertraining hat deshalb so großen Erfolg, weil es lautes Gebrüll unnötig macht.

◆ **Schwerhörigkeit:** Auch Hunde werden im Alter schwerhörig. Ob das so ist, können Sie leicht überprüfen. Die folgende Übung ist kein medizinischer Test, sondern gibt nur einen Anhaltspunkt. Ihr Hund sitzt in einem Raum, Sie stellen sich im Abstand von ungefähr zwei Metern hinter ihn. Er soll Sie nicht sehen, und Sie müssen sich ruhig verhalten. Nun erzeugen Sie mit verschiedenen Gegenständen Geräusche. Hört er Sie, spitzt er die Ohren und dreht den Kopf. Wenn nicht, hat er ein Problem.

Der Geschmackssinn

Hunde sind keine Feinschmecker, das zeigt schon die Anzahl ihrer Geschmackspapillen (Sinneszellen) auf der Zunge. Sie haben 1.700, der Mensch dagegen 9.000. Aber Kostverächter sind sie nicht. Manche fressen gekochtes Fleisch lieber als rohes, und eine süße Nachspeise genießen sie wie wir. Sie haben auch Geschmackspapillen für Süß. Füttern Sie aber keine Süßigkeiten, da sie schädlich für Ihren Vierbeiner sind. Vermutlich können Hunde auch zwischen salzig, sauer, süß und bitter unterscheiden. Doch wie gut und in welcher Intensität, ist noch ein Rätsel.

Der Ohren-Test

Hunde hören Töne im Ultraschallbereich, die wir nicht wahrnehmen. Auch bei bestimmten Frequenzen hören sie besser als wir. Testen Sie selbst.

Am empfindlichsten reagiert unser Ohr bei 2.000 Hertz. Da hören wir einen leisen Ton am besten. Bei Hunden liegt die höchste Empfindlichkeit bei 8.000 Hertz. In diesem Frequenzbereich müssen wir schon viel lauter sprechen, damit andere uns hören. Unsere Empfindlichkeit hat deutlich abgenommen. Welche Bedeutung dies für Hund und Mensch hat, schildert Stanley Coren eindrucksvoll in seinem neuesten Buch. Wenn wir Worte wie »schwimmen«, »schwach« oder »schwer« aussprechen und die Silbe »sch« dehnen, geschieht dies bei den meisten Menschen im Frequenzbereich von 2.000 Hertz. Wenn Sie nun aber einen Zischlaut »ssss« aussprechen, der sich wie eine summende Hornisse anhört, dann geschieht dies bei ungefähr 8.000 Hertz. In unseren Ohren klingt der Ton leiser, ganz anders bei Hunden: Sie vernehmen ihn lauter. Probieren Sie es mit Ihrem Hund aus. Es klappt.

■ Der Ton-Test

Wie gut Hunde auf bestimmte Tonhöhen reagieren, können Sie selbst feststellen. Bringen Sie ihm bei, nur auf einen ganz bestimmten Ton zu kommen und sein Leckerli abzuholen. Wie machen Sie das? Ganz einfach.

Übungsaufbau: Sie befehlen Ihrem Hund, »Platz« zu machen und stellen sich anschließend in einem Abstand von drei bis vier Metern vor ihn.

Übungsablauf: Spielen Sie ihm dann z. B. mit einer Blockflöte einen bestimmten Ton vor. Nachdem Sie fertig sind, rufen Sie ihn und geben ihm die Belohnung. Nach wenigen Übungen hat der Hund die Aufgabe begriffen und weiß, dass er auf den Ton kommen soll.

Schwierigkeitsgrad steigern: Auch die Unterscheidung von zwei und mehr Tönen fällt dem Hund nicht schwer. Spielen Sie ihm zu dem bekannten Ton einen weiteren vor und verbinden Sie diesen Ton z. B. mit Streicheleinheiten. Sie werden feststellen, wie gut Hunde Töne unterscheiden können. Nebenbei eine lustige Geschichte von meinem Hund Teddy: Als ich diese Übungen mit ihm durchführte, klappte alles gut, bis auf einen hohen Ton. Wenn ich ihm den vorspielte, heulte er wie ein Wolf.

2

Wie Hunde lernen und denken

Dass Hunde lernfähig sind, daran besteht kein Zweifel. Doch dass Hunde denken können, wurde lange Zeit bestritten. Inzwischen ist der Beweis erbracht, und das lässt unseren liebenswerten Vierbeiner in einem ganz anderen Licht erscheinen.

WIE HUNDE LERNEN UND DENKEN

So lernt und denkt Ihr Hund

»Lernen fürs Leben«, heißt ein altes Sprichwort. Das gilt nicht nur für Menschen, sondern auch für Hunde. Wer viel lernt, bleibt geistig fit und ist in der Lage, Probleme gut zu bewältigen.

Warum lernen wir? Die Antwort klingt einfach und verblüffend zugleich: um Freude und Lust zu empfinden oder bessere Berufschancen zu haben. Um ein guter Skifahrer oder Pianist zu werden, muss man anfangs viel üben, erst allmählich schleicht sich mit zunehmendem Fortschritt die Freude ein. Lernen kann also eine Investition in zukünftige »Glücksgefühle« sein oder eine Investition in ein gesichertes Berufsleben.

Je besser die Ausbildung – sprich je mehr man gelernt hat –, desto bessere Berufschancen hat man. Der Mensch ist sicherlich die Krönung der Schöpfung, zumindest was das Lernen betrifft.

Und warum lernen Tiere? Aus ähnlichen Gründen wie wir Menschen. Auch bei ihnen ist die Triebkraft die Befriedigung eines positiven oder die Vermeidung eines negativen Gefühls. Dem Berufsleben des Menschen entspricht der Überlebenskampf der Tiere in der Natur. Lernen erlaubt den Tieren, sich schnellen Umweltveränderungen anzupassen. So werden sie fit, um die tagtäglichen Herausforderungen zu bestehen. Lernen ist daher ein universelles Prinzip der Natur. Wie viel und was gelernt werden kann, ist von Tierart zu Tierart verschieden. Hunde z. B. lernen sehr leicht, die Signale des Menschen zu verstehen. Dies ist eine wichtige Voraussetzung, um Tiere auszubilden. Hunde sind Weltmeister im Verstehen dieser Signale. Daher ist es kein Zufall, dass sie uns in fast allen Lebensbereichen helfen. Der Hund ist Blindenhund, Drogenfahnder, Jagdhund, Wachhund, Seelentröster und vieles mehr. Diese Begabung machte ihn zum Helfer und Freund des Menschen. Aber das war nicht immer so ...

Hunde lernen gern

Die Geschichte begann vor 50.000 oder 100.000 Jahren. Wann genau, darüber streiten sich die Wissenschaftler noch. Wie dem auch sei. Fest steht, der Mensch hat sich den Hund nach seinen Wünschen gezüchtet. Herausgekommen ist ein Tier mit einer außerordentlichen Lernbegabung.

Hunde lernen gern

Aber Begabung alleine reicht nicht. Es gilt das Sprichwort: »Ohne Fleiß kein Preis«. Hunde sind natürlich nicht fleißig im Sinne des Menschen, aber oft unermüdlich im Erlernen von Neuem. Wo eine Katze schon lange aufgibt, macht der Hund noch weiter. Vielleicht ist dies das Geheimnis, warum sich Katzen so schwer dressieren lassen. Mit Hunden kann man eine schwierige Lernaufgabe immer wieder üben. Sie besitzen Ausdauer. Ohne diese Eigenschaft ist es beispielsweise nicht möglich, einen Blindenhund auszubilden.

Ein Blindenhund braucht Auffassungsgabe, Ausdauer und Durchstehvermögen. Monate intensiven Trainings sind nötig. Der Schnellkurs bringt gar nichts. Dies ist eine schwere Zeit für Ausbilder und Hund. Beide sind aufeinander angewiesen. Der Mensch muss geduldig und einfühlsam mit seinem Schützling sein, wenn er Erfolg haben will. Erfolg heißt auch, dass der Hund seine Aufgabe gern macht. Nun kommt etwas Überraschendes und von vielen Menschen Verkanntes: Hunde lernen gern, ihr Gehirn fordert gerade dazu auf.

Hunde wollen gefordert werden. Der kleine Slalomlauf hält fit.

WIE HUNDE LERNEN UND DENKEN

◆ **Das Gehirn kann trainiert werden:** Erst in den letzten Jahren hat man festgestellt, dass das Gehirn durch Übung und Erfahrung in gewissem Umfang »umbaubar« ist. Ähnlich einer Baustelle, auf der ständig Gerüste montiert, neue Verbindungen gelegt und alte abgerissen werden. Tiere, die viel lernen und in einer Umwelt leben, die spannend gestaltet ist, haben längere und verzweigtere Nervenzellen als im Normalfall. Die Entdeckung – Nervenwachstum durch Training – war eine wissenschaftliche Sensation. Lernen und Üben »ölt« nicht nur die Schaltkreise im Gehirn, es schafft sogar neue Schaltkreise und Nervenverknüpfungen, indem es genetische Um- und Ausbauprogramme abruft. Das Gehirn ist ein Organ, das sich – innerhalb eines vorgegebenen Rahmens – durch den Gebrauch, das heißt durch die Auseinandersetzung mit der Umwelt, selbst umgestaltet.

Hunde in einer anregenden Umwelt sind aufgeweckter, neugieriger sowie geistig wacher. Lernen heißt neue Nervenverknüpfungen bilden, und viele Lernvorgänge erscheinen uns auf den ersten Blick intelligent. Ein Hund, der seinem Herrchen die Zeitung bringt, gilt als klug. Aber in Wirklichkeit hat er die Handlung nicht begriffen und weiß nicht, was er tut. Er hat nur gelernt: »Bring ich die Zeitung, gibt es ein Leckerli.« Lernen kann also ohne Verstand funktionieren. Beherrscht das Tier oder der Mensch seine Lektion, läuft sie oft roboterhaft ab. Jeder wird sich erinnern, wie schwer es war, perfekt eine Sprache oder Skifahren zu lernen. Spricht man fließend oder wedelt man den Berghang hinab, denkt man nicht mehr an Grammatik oder

Zeit für einen Spaziergang. Lucky weiß das ganz genau und holt einstweilen schon mal seine Leine.

wie man den Ski belasten muss. Alles hat sich eingespielt, der Verstand wäre sogar hinderlich. Denkt man nach, kommt man bei Fremdsprachen ins Stottern oder fällt beim Skifahren hin.

◆ **Was für Sie und Ihren Hund wichtig ist:** Sinn des Lernens ist, sich gezielt und schnell an Umweltveränderungen anzupassen. Dadurch hat das Tier die Möglichkeit, mit neuen Herausforderungen fertig zu werden. Hunde lernen gern, nichts ist schlimmer für sie als Langeweile. Lernen kann ohne Denken stattfinden.

Können Hunde denken?

Denken galt bisher als Privileg des Menschen. Erst in den letzten Jahren hat sich das Blatt zugunsten der »Hundeintelligenz« gewendet. Das Denken der Hunde wurde ein Thema der Wissenschaft. Ihre verblüffenden Ergebnisse haben den Hundehalter noch nicht erreicht. Aber das wird sich ändern. Der Hund wird vom gehorsamen willenlosen Diener zum denkenden Partner werden. Wir werden unsere Freunde in einem anderen Licht sehen. Nicht vermenschlicht, sondern als Hunde mit ihren arteigenen individuellen Eigenschaften.

Ich selbst untersuche mit einer kleinen Arbeitsgruppe seit acht Jahren die Verstandesleistung unserer Vierbeiner und habe keine Zweifel, dass Hunde denken können.

INFO

Lernen und Denken

Das Gehirn des Hundes will lernen und denken. Unterforderung führt vor allem beim jungen Hund dazu, dass er seine Langeweile in unerwünschte Verhaltensweisen »ummünzt«. Er benagt beispielsweise Einrichtungsgegenstände oder zerstört sie sogar. Bieten Sie Ihrem Hund deshalb viele verschiedene Anregungen zum Lernen und Denken und sorgen Sie unbedingt für neue Sinneseindrücke. Lassen Sie ihn außerdem häufig mit Artgenossen spielen.

Was ist Denken?

Denken bedeutet für mich das Durchspielen einer Situation im Kopf. Vor unserem geistigen Auge führen wir verschiedene Handlungen durch, um deren Ausgang zu beurteilen. Ein Schachspieler verdeutlicht dieses Bild: Er plant in seinem Kopf seinen und den Zug des Gegners. Je weiter er vorausdenkt, desto besser spielt er und umso näher ist er dem Sieg.

Denken und Lernen unterstützen sich bis zu einem gewissen Grad. Das heißt, je mehr Wissen man sich durch Lernen angeeignet hat, desto leichter kann man bestimmte Probleme lösen. Wir haben so viele unzählige Dinge gelernt, dass wir oft Denken und Lernen verwechseln. Schlaglichtartig wird einem das klar, wenn eine erlernte Situation verändert wird. Bei einer Ausstellung in Basel habe ich erlebt, wie verzweifelt Menschen in solch einer Situation sein können. Die Aufgabe bestand darin, eine überdimensionale Schraube mit einem Schraubenschlüssel in ein vorgesehenes Loch zu schrauben. Das Schwierige daran war, dass sich die Schraube nicht sichtbar verkürzte für den, der schraubte, wenn man sie wie gewohnt rechtsherum drehte. Des Rätsels Lösung bestand in einer Linksdrehung. Nicht wenige Menschen scheiterten.

Warum denken Tiere?

Für Tiere steckt die Welt voller Probleme: Feinden zu entgehen, an Nahrung zu kommen, den Nachwuchs durchzubringen und vieles mehr. Überleben bedeutet, diese Probleme zu meistern. Und dies lässt sich die Natur viel kosten. Denn Denken ist nicht billig, was den Energieverbrauch betrifft. Das eineinhalb Kilogramm schwere Gehirn eines 75 Kilogramm schweren Menschen benötigt etwa 20 Prozent der Gesamtenergie. Wie hoch der Verbrauch beim Hund ist, ist meines Wissens nicht bekannt. Er ist sicherlich niedriger, weil Hunde nicht so viel denken wie wir. Aber hoch ist er wahrscheinlich auch. Dafür spricht, dass unsere Hunde nach den Denktests völlig erschöpft waren.

Unterschiedliche Talente

Ich möchte Ihnen im Folgenden Wisla, die Bernhardinerhündin, Robby, den Retriever, und Teddy, den Schäferhund, vorstellen: drei Hunde-Lernpersönlichkeiten mit unterschiedlichen Begabungen.

INFO

Intelligenz

Denken Sie bei allen Lern- und Denkübungen daran, dass auch Hunde wie wir Menschen unterschiedliche Begabungen haben. Es gibt Hunde, die eine Aufgabe nicht oder nur sehr schwer begreifen, während andere das Problem mit links lösen. Aber auch ein wenig »begriffsstutzige« Hunde sind durchaus liebenswert und brauchen Ihre Zuwendung. Führen Sie mit ihnen einfachere Tests und Übungen durch. Achten Sie die Persönlichkeit Ihres Vierbeiners!

Wisla, die Wissbegierige

Beginnen wir mit Wisla, dem Bernhardinerweibchen. Wie schon erwähnt, kam sie erst mit eineinhalb Jahren zu uns. Ihre früheren Besitzer liebten sie und brachten ihr das ABC der Grundausbildung bei.

Sie befolgte zwar die Kommandos »Sitz«, »Platz«, »Komm« und andere wichtige Befehle. Aber bei unseren Spaziergängen wurden ich und sie im wahrsten Sinne des Wortes immer wieder überrascht.

◆ **Angst vor dem Neuen:** Es erschreckte mich, wie wenig Wisla von der Umwelt kannte, und sie hatte Angst vor den vielen neuen Eindrücken. Für sie waren unsere Spaziergänge anfangs eine totale Reizüberflutung. Immer wieder setzte sie sich hin, bestaunte Verkehrsschilder, Reklameschilder und vieles, was ihr neu erschien.

Ich beobachtete: Je mehr sie wahrnahm, desto vorsichtiger wurde sie. Das ging so weit, dass sie sich weigerte, an einem flatternden Tuch vorbeizugehen. Sie handelte nach dem Motto: Angriff ist die beste Verteidigung und verbellte das Tuch. Ihre Körperhaltung verriet ihre Angst. Der Schwanz war leicht eingeklemmt und ihr Kopf seitlich nach unten gebeugt. Nun musste ich unbedingt eingreifen.

◆ **Einfühlungsvermögen gefragt:** Als Erstes wollte ich ihr die Angst vor dem Tuch nehmen. Ich nahm sie an die Leine, sprach beruhigend mit ihr (»brave Wisla, gute Wisla«), und wir gingen auf das Tuch zu. Doch kurz davor bockte sie und wollte nicht weiter. Ich zog sie sanft an der Leine und verführte sie mit lockender Stimme, mir zu folgen. Das tat sie schließlich auch. Vor dem

Wisla, die Wissbegierige

2

ues für Wisla

der misstrauischen, furchtsamen Wis- t inzwischen ein Wesen voller Neugier- und Tatendrang geworden. Ihr Selbst- usstsein hat sich enorm gefestigt. Es nur noch wenige Dinge, vor denen sich la fürchtet.

Wisla und Robby

Wisla hat kaum noch Probleme mit ihrer Umwelt, während Robby, der Retriever, eher zurückhaltend reagiert. Doch Robbys Element ist das Wasser. Hier kann ihm so leicht keiner was vormachen. Im Wasser ist er der König.

Tuch gab ich das Kommando »Sitz«, streichelte sie und sprach weiter mit ihr. Der Einsatz der Stimme ist ganz wichtig. Sie beruhigt den Hund und verrät unseren eigenen Gefühlszustand. Wir blieben ein bis zwei Minuten, und ich ließ sie am Tuch schnuppern. Diese Prozedur wiederholte ich sofort noch zweimal, um sie an den Ablauf zu gewöhnen und ihr allmählich die Angst zu nehmen.

Wisla benötigte drei Spaziergänge, bis das Tuch seinen Schrecken verlor. Im Wind flatternde Tücher lassen sie heute kalt. Sie hat das Prinzip begriffen: Jegliche Tücher im Wind sind keine Gefahr. In den nächsten drei Wochen achtete ich darauf, dass bei unseren Spaziergängen nicht zu viel Neues auf sie einstürmte. Die Dosierung macht's. Je mehr sie gelernt hat, desto leichter geht sie mit neuen Erfahrungen um. Aber das braucht Zeit. In ihrem Kopf entsteht eine neue Welt. Nervenzellen wachsen und bilden neue Verknüpfungen (→ Seite 36).

◆ **Ist Wisla wirklich ein »Hasenfuß«?** Wisla war immer für eine Überraschung gut. Das pure Entsetzen packte mich, als ich für sie einen Stock zum Apportieren in einen Bach warf und sie vor den Wellen zurückschreckte. Was in meinem Kopf vorging,

WIE HUNDE LERNEN UND DENKEN

wage ich kaum zu beschreiben. Ich dachte, welch einen Angsthasen habe ich mir da ins Haus geholt. Wislas Gelehrigkeit und liebe Art vertrieben mir jedoch schnell den dummen Gedanken.

Ich legte vor ihren Augen den Stock auf das Wasser und forderte sie auf, ihn zu holen. Dabei achtete ich darauf, dass sich kaum Wellen bildeten. Wisla holte den Stock. Während des weiteren Vorgehens hielt ich den Stock im Wasser in der Hand und planschte. Neugierig nahm sie den Stock ins Maul und spielte mit mir. Sie gewöhnte sich an spritzendes Wasser. Nun war es ein kleiner Schritt, sie an die Wellen zu gewöhnen. Zuerst ließ ich den Stock in geringer Höhe ins Wasser fallen, und später warf ich den Stock weit weg. Wisla lernte sehr schnell, aber dennoch war ich verdutzt, warum sie anfangs solch eine Angst vor den Wellen hatte. Ein Telefonat mit ihrem früheren Halter lüftete das Geheimnis: Als Hundebaby wurde sie von Meereswellen erfasst und erschrak fürchterlich. Daher die Angst. Heute tobt sie mit Wonne im Wasser. Die Liste dieser Ereignisse ließe sich fortsetzen, aber sie beruhten immer auf dem gleichen Prinzip: Wisla fürchtete sich vor etwas Neuem und Überraschendem.

◆ **Vorsichtig ist nicht ängstlich:** In unseren Augen mag ihr Verhalten lästig sein, vom Standpunkt des Biologen macht es Sinn. So wie sie reagieren fast alle Wildtiere. Allem Neuen begegnen sie mit Vorsicht. Es könnte sich ja um eine lebensbedrohende Gefahr handeln. Ich nahm Wisla die Furcht, indem ich sie mit der Stimme beruhigte und mit der Situation vertraut machte. In aller Regel ließ ich sie Neues beschnuppern. Wisla ist kein ängstliches Tier von Geburt an, das verrät ihr Verhalten. Ihre Angst mag noch so groß gewesen sein, mit einfühlender Unterstützung siegte die Neugier. Dafür spricht auch, dass sie sehr schnell lernte, die neue Situation zu meistern, und wie sie heute fremden Dingen begegnet.

◆ **Das Selbstbewusstsein wächst:** Es gibt nur noch wenige Dinge, vor denen sich Wisla fürchtet. Ihr »Selbstbewusstsein« ist gewachsen. Das hat für den Hundehalter große Vorteile. Selbstsichere Hunde sind in ihrem Verhaltensrepertoire besser einzuschätzen. Sie reagieren nicht aus Angst aggressiv und beißen weniger zu. Kurzum, sie sind ihren Artgenossen und dem Menschen gegenüber weniger gefährlich.

Aber warum reagierte Wisla zu Beginn so ängstlich? Ganz einfach: Sie hatte zu wenige Erfahrungen mit ihrer Umwelt gemacht.

Mit vier Wochen muss man d Umgang mit dem Napf erst lern Doch das geht ganz schn

Wisla, die Wissbegierige

WIE HUNDE LERNEN UND DENKEN

◆ **Erfahrungen sind wichtig:** Im Gegensatz zu Wisla konnten andere Hundekinder häufiger mit Artgenossen spielen und erlebten die Welt des Menschen. Sie lernten, sich im Straßenverkehr zu bewegen. Sie lernten im Kindesalter, dass von einer Ampel, einem quietschenden Auto und einem Radfahrer keine Gefahr ausgeht. Wisla hingegen lebte in einer dänischen Idylle. Sie hatte ihren Garten und die Liebe ihrer Halter. Beides zweifellos sehr wichtig – als Grundbausteine einer gesunden Verhaltensentwicklung –, aber dennoch zu wenig, um ihr Gehirn ausreichend zu beschäftigen.

◆ **Hunde können und brauchen mehr:** Das bestätigt Wisla jeden Tag. Sie beobachtet ihr Umfeld sehr genau. Wie genau, das zeigt folgendes Beispiel. Nach dem Spaziergang werden die Pfoten unserer beiden Hunde geputzt. Zuerst die von Robby, dem Retriever, dann die von Wisla. Während ich die Pfoten von Robby reinige, wartet sie geduldig im Auto bei geöffneter Tür. Ohne dass ich es ihr beigebracht hätte, trabt sie heran, wenn Robbys letzte Pfote fertig ist. Sie hat von allein gelernt, wann Robbys Putzaktion zu Ende ist, und wann sie an der Reihe ist. Schnell durchschaute sie auch, dass sie beim Reinigen ihre Pfoten heben muss. Freudig, ohne Aufforderung, streckt sie mir nacheinander die Pfoten entgegen. So viel Entgegenkommen kann man nicht widerstehen. Ich belohne sie mit einer zärtlichen Streicheleinheit, was wir beide genießen.

Mit Futter als Belohnung lässt sich einem »gefräßigen« Bernhardiner allerhand beibringen. Im Handumdrehen lernte Wisla so, dass sie am Bordstein stehen bleiben muss und erst auf das Kommando »Geh«,

Robby liebt das Wasser über alles. Hier fühlt er sich deutlich sicherer als an Land.

die Straße überqueren darf. Unser Hunderiese ist flink im Kopf, wie Sie später noch sehen werden.

◆ **In jungen Jahren lernt sich's leichter:** Glücklicherweise war Wisla noch jung genug, denn sonst wäre es schwieriger geworden, ihr die Angst zu nehmen und der Neugier zum Durchbruch zu verhelfen. Sie war noch verspielt, und spielerisch eroberte sie die Umwelt. Dieses »neuronale« Fenster schließt sich mit zunehmenden Alter allmählich. Das trifft jedoch nicht nur für Hunde zu. Auch Menschen lernen ganz bestimmte Dinge besser im frühen Kindesalter. Ein gutes Beispiel dafür ist das Erlernen einer Fremdsprache. Was uns als Kind wie im Schlaf zufliegt, muss später mit großer Anstrengung gebüffelt werden. In Abänderung des Sprichwortes: »Was Hänschen nicht lernt, lernt Hans schwerer.«

◆ **Das ist für Sie und Ihren Hund wichtig:** In ihrer Kind- und Jugendphase lernen Hunde außerordentlich viel und intensiv. Für besondere Lernvorgänge ist das neuronale Fenster in dieser Phase besonders weit geöffnet. Der Hund lernt, dass er dem menschlichen Partner vertrauen kann. Hunde, die ohne Kontakt mit Menschen aufwuchsen, bauen fast keine Beziehung zum Menschen auf. Junghunde sollen viel lernen. Unterforderung ist schädlich. Lernen wirkt sich auf ihre Selbstsicherheit aus. Selbstsichere Hunde sind meist verträglicher. Nur mit Geduld und Einfühlungsvermögen lassen sich Lerndefizite ausgleichen. Strafe wirkt sich verheerend aus. Nicht nur aufgebautes Vertrauen würde zerstört, sondern auch das Selbstbewusstsein.

Robby, der Ängstliche

Der zweite Kandidat ist Robby, ein Retriever und eine völlig andere Lernpersönlichkeit als Wisla, die Bernhardinerhündin. Robby kam als Welpe in die Familie. Niedlich wie er war, wurde er von den Kindern verhätschelt und von Frauchen verwöhnt. An Zuneigung und Liebe mangelte es ihm nicht. Er wuchs wie tausende Familienhunde auf. Nichts Besonderes, außer dass er vielleicht mit zu wenig Konsequenz erzogen wurde. Aber dennoch lernte er, was ein Familienhund zu können hat. Das war nicht immer einfach, weil er seinen eigenen Dickkopf hatte. Aber das war nicht das Problem.

◆ **Sind Ängste unüberwindlich?** Robby entwickelte, je älter er wurde, Ängste. Als erwachsener Rüde hatte er Furcht vor viel kleineren Artgenossen. Neuem gegenüber war er misstrauisch und vorsichtig. Immer wieder konfrontierte ich ihn einfühlsam mit ein und demselben Gegenstand, aber die Angst blieb. Bestes Beispiel ist ein alltägliches Schauspiel. Auf der Treppe liegt eine Zeitschrift. Robby geht bis zur Zeitschrift, stoppt und wartet. Es wäre leicht, an der Zeitschrift vorbeizugehen, so wie Wisla und Teddy es ihm vormachen. Aber Robby schafft es nicht (→ Text, Seite 46).

INFO

Lernen im Alter

Auch ältere Hunde lernen noch gut und gern. Aber selbstverständlich müssen Sie auf die körperliche Fitness des Seniors Rücksicht nehmen. Stellen Sie Ihren Hund im Zweifelsfall einem Tierarzt vor. Üben Sie mit Ihrem Vierbeiner nicht zu lang und gönnen Sie ihm längere Ruhepausen. Auch der ältere Hund, der schon viel gelernt hat, freut sich, neue Dinge zu lernen. Vergessen Sie deshalb nicht, Ihren Senior regelmäßig körperlich und geistig zu fördern.

Spielerische Erziehung

Erziehung soll Spaß machen und den Hund nicht zu einem willenlosen Befehlsempfänger machen. Dazu muss man die Fähigkeiten des Tieres genau kennen.

■ Fähigkeiten richtig einschätzen

Ein guter Tierlehrer beobachtet seine Schützlinge zuerst lange, um deren Fähigkeiten beurteilen zu können. Das ist der Ausgangspunkt jeder erfolgreichen Ausbildung. Im Spiel verraten junge Hunde ihre Begabung. In der Auseinandersetzung mit dem Artgenossen sieht man den Draufgänger, Kämpfer und den Vorsichtigen oder sogar Ängstlichen. Aber das ist nicht alles. Wie ein Hund spielerisch die Umwelt erkundet, sagt viel über seine Neugierde und geistigen Fähigkeiten aus. Hunde, die wenig Interesse haben, sind später in der Ausbildung schwer zu motivieren. Der gute Hundelehrer erkennt diese Begabungen und weiß, wie man die Tiere fördert und fordert. Mit diesem Wissen im Kopf kann die eigentliche Erziehung beginnen.

■ Warum Erziehung wichtig ist

Es gibt keinen Zweifel: Hunde müssen zu ihrem eigenen und des Halters Wohl erzogen werden. Nur Hunde, die das ABC der Grundausbildung beherrschen, sind später bei Denktests einzusetzen. Einem Hund das »ABC« beizubringen ist relativ leicht, da Hunde Rudeltiere sind. Im Rudel kann man nur bestehen, wenn man auf die Zeichen des anderen achtet. Erleichternd kommt hinzu, dass der Hund im Laufe der Jahrhunderte darauf gezüchtet wurde, unsere Signale zu verstehen. Doch was ist das ABC der Grundausbildung? Ich denke, der Hund sollte folgende Kommandos beherrschen: »Sitz«, »Platz«, »Aus«, »Stopp«, »Komm« und »Fuß«. Für manchen mag dies zu wenig sein, aber wenn der Vierbeiner sie sicher beherrscht, hat man im Alltagsleben schon viel gewonnen. Der Werkzeugkasten für die Ausbildung ist die Stimme, die Mimik, die gesamte Gestik mit Arm und Hand sowie die richtige Belohnung.

■ Ein paar Erziehungstipps

Das Kommando »Stopp«: Wie bringe ich meinem Hund bei, dass er nicht wegläuft, sondern auf das Kommando »Stopp« hört? Ein Geheimnis der guten Erziehung besteht darin, Bruchteile von Sekunden vorher zu erahnen, was Ihr Hund vorhat. Je mehr Sie mit Ihrem Hund verbunden sind, desto leichter fällt es Ihnen. Wenn Sie spüren, dass Ihr Hund im Begriff ist wegzulaufen, geben Sie

Ein paar Erziehungstipps

mit bestimmendem und kurzem Ton das Kommando »Stopp«. Der Hund ist verdutzt darüber, dass Sie seine Absicht durchschaut haben, und blickt Sie »reflexartig« an. Das ist der Zeitpunkt, ihm eine Belohnung zu geben und mit belohnender, lang gezogener Stimme »Brav« zu sagen. Diese Situation wiederholen Sie mehrere Male, bis der Hund das Wort »Stopp« verstanden hat. Ist er »sattelfest«, führen Sie ihn in Versuchung. Suchen Sie eine Umgebung, in der der Hund gern wegläuft – meist dort, wo er Artgenossen trifft. Nun müssen Sie einen Kick schneller sein als Ihr Hund. In dem Moment, wenn Sie den anderen Hund sehen, geben Sie das Kommando »Stopp« und verfahren wie beschrieben. Versucht Ihr Hund auszubüxen, packen Sie ihn am Halsband und sagen mit strenger Stimme »Stopp«. Die Stimme muss dem Hund Ihre Entschlossenheit signalisieren. Reagiert er

Doch wenn's zu viel wird, greift sie mit ihrem Fang über die Schnauze des Kleinen. »Genug!«

Erziehung auf Hundeart: Wenn der Kleine Mama ins Ohr beißt, bleibt diese erst mal ruhig.

dann wunschgemäß, loben Sie ihn und geben ihm ein Leckerli.

<u>Das Kommando »Komm«</u>: Ihr Hund ist den Düften einer Wiese verfallen. Ihre verzweifelten Rufe »Komm« bleiben ungehört. Was tun? Einen einfachen wirksamen Trick habe ich von Gerd Siemoneit, dem großen Tierlehrer, abgeschaut. Was bei Löwen, Tigern und Leoparden hilft, wirkt auch bei Hunden. Nehmen Sie bei Ausflügen etwas raschelndes Papier mit. Kommt Ihr Hund nicht zurück, nähern Sie sich ihm ohne zu rufen auf fünf bis zehn Meter und zerknüllen das Papier. Mit den Geräuschen ziehen Sie sofort die Aufmerksamkeit auf sich. Das ist der Augenblick, wo Sie mit scharfer Stimme »Komm« sagen und mit einer Belohnung winken. Mit diesem kleinen Trick holen Sie Ihren Vierbeiner – ohne Strafe – in Ihre Welt zurück. Probieren Sie es aus!

◆ **Robby weiß sich zu helfen:** Selbst die besten Leckerli konnten Robby nicht dazu bewegen, an der Zeitung vorbei die Treppen hochzulaufen. Alles Zureden half nichts. Er blieb wie angewurzelt vor der Zeitung stehen. Nun könnte man denken, er sei dumm. Aber dem ist nicht so, denn er entwickelte eine eigene Strategie: Robby dressiert uns. Er bellt, wenn er nicht mehr weiter weiß oder kann.

Es dauerte Jahre, bis er eine angelehnte Tür mit der Schnauze öffnete. Es war ihm auch nicht beizubringen, einen Stock oder Handschuh zu apportieren. Obwohl er ab und zu freiwillig stolz einen Stock trug. Meine ganzen »Dressurkünste« versagten, ihn zu lehren, mir etwas zu bringen. Aber das ist noch nicht alles. Es ist fast unmöglich, ihn aufzufordern, an einen bestimmten Platz zu gehen. Konkret heißt das: Ich deute mit ausgestrecktem Arm und Zeigefinger auf eine Stelle im Raum, wo er sich hinbewegen soll. Keine Chance, man muss ihn dort hinführen und das Kommando »Platz« geben. Dann ist seine Welt in Ordnung. Für all meine anderen Hunde war dies nie ein Problem. Was ist los mit Robby?

◆ **Leichter Zwang zum Glück:** Auffallend ist, dass man Robby bei jeglicher Art von Unterricht wie ein rohes Ei behandeln muss. Selbst mit einer noch so verführerischen Belohnung kann ich ihn kaum zu einer Handlung verlocken. Beim geringsten Zwang bockt er. Und dennoch muss man ihn manchmal zu seinem Glück zwingen. Bestes Beispiel ist der Einstieg ins Auto. Wir fahren einen VW-Variant, bei dem die Hunde hinten gut in den Kofferraum springen können. Kein Problem für die anderen Hunde, aber für Robby.

Obwohl ich sein Lieblingsleckerli direkt vor ihn auf den Boden des Kofferraums legte, sprang er nicht hinein. Alle Mühen und Tricks waren vergeblich. Es half nur leichter passiver Zwang. Ich nahm seine Vorderpfoten, legte sie auf den Wagenboden und hob sein Hinterteil ins Auto. Währenddessen sprach ich beruhigend mit ihm. Diesen Vorgang wiederholte ich viermal, dann sprang er von alleine. Viele Dinge hat Robby auf diese Art und Weise gelernt. Nun könnte man denken, Robbys

TIPP

Begabungen erkennen

Im Spiel zeigen Hunde oft schon ihre besondere Begabung. Der eine ist körperlich sehr geschickt, der andere untersucht begeistert mit Schnauze und allen anderen Sinnen die unbekannte Welt. Fördern Sie die jeweiligen Talente. Verlangen Sie beispielsweise nicht von Ihrem Bernhardiner, auf den Hinterbeinen zu stehen. Für einen Terrier dagegen ist dies eine »Fingerübung«. Ihr Bernhardiner löst dafür vielleicht Denksportaufgaben mit großer Begeisterung.

Lebensfreude pur. Nach anstrenge den Denktests tut dem Hund ein a gelassenes Spiel so richtig g

Robby, der Ängstliche

WIE HUNDE LERNEN UND DENKEN

Intelligenz ist nicht besonders ausgeprägt. Er ist einfach nicht lernbegabt. Dem widerspricht allerdings, wie Robby sich im Wasser verhält.

◆ **Sein Element ist das Wasser:** Robby ist eine Wasserratte, und Wasser ist sein Elixier. Hier fühlt er sich wohl und sicher. Im Wasser apportiert er Stöcke mit Leidenschaft und verteidigt sie auch gegen größere Artgenossen wie Teddy, den Schäferhund. Es ist also durchaus nicht so, dass Robby dumm wäre. Doch an Land überwiegen andere Kräfte wie beispielsweise die Angst. Warum das so ist, weiß ich nicht, und man kann darüber nur spekulieren.

Er hatte eine hundegerechte, sprich tolle Kindheit – daran kann es also nicht liegen. Was in den ersten Wochen seines Lebens geschah, entzieht sich unserer Kenntnis. Wir lieben ihn mit seinen Macken und Kanten und akzeptieren seine Persönlichkeit. Robby ist ein Paradefall der Erkenntnis, nämlich von seinem Tier nur das zu fordern, wozu es in der Lage ist. Die Grenzen der Lernfähigkeit werden durch die genetische Ausstattung oder durch frühe schlimme Erfahrungen bestimmt.

◆ **Das ist für Sie und Ihren Hund wichtig:** Es ist schwierig, die Lernbegabung eines Hundes festzustellen. Viele Begabungen bleiben dem Halter verborgen, weil er leider noch nicht den Schlüssel hat, das Talent seines Hundes zu entdecken. Sicher ist, Hunde haben verschiedene Begabungsfelder. Und der eine Hund lernt leichter, der andere dagegen schwerer – so wie wir Menschen auch.

1

Teddy dreht auf

Teddy, der Langhaar-Schäferhund, ist kau[m] zu bremsen. Körperliche Beschäftigung für ihn genauso wichtig wie geistige An[regung]. Von allen meinen Hunden war er v[on] Anfang an der Lernbegabteste, aber au[ch] der Anspruchsvollste.

Teddy, der Überflieger

Teddy kam als langhaariger, knuddeliger Schäferhundwelpe zu mir. Er blieb bis ins hohe Alter neugierig, und nichts sollte seiner Nase, seinen Augen und Ohren verborgen bleiben. Zu einem Spiel war er immer aufgelegt. Im Gegensatz zu Robby und Wisla konnte er sich beim Spazierengehen kaum selbst beschäftigen. Immer wieder forderte er mich zum Spielen auf.

◆ **Teddy lernt schnell:** Teddy besaß ideale Voraussetzungen, einem Hund etwas beizubringen. Er forderte mich geradezu dazu auf. Nichts war vor ihm sicher. Selbstständig

Teddy, der Überflieger

3

...mals Langeweile

...y kennt keine Langeweile, wenn er ...n Partner hat. Immer wiede fordert er ... Spiel auf. Oder er wartet darauf, dass ... ihm eine Aufgabe stellt, die er meist ...Bravour löst. Das kann aber auch sehr ...rengend sein.

Spielen macht Freude

Teddy in Aktion. Bei der Jagd nach dem Ball zeigt er fast akrobatische Kunststücke. Nur mit dem Gehorchen hapert's ein wenig. Teddy überhört grundsätzlich die erste Ermahnung. Er braucht eine liebevolle, jedoch konsequente Behandlung.

lernte er Lebensmittelverpackungen mit Schnauze und Pfote geschickt zu öffnen. Ihm das wieder abzugewöhnen war nicht leicht. Bei ihm musste man mit Strenge und Konsequenz vorgehen. Ein einmaliges freundliches Kommando »Aus« überhörte er. Erst die energische Stimme und entschlossene Körperhaltung zeigten Wirkung. Teddy zu beschäftigen war körperlich und geistig anstrengend. Ich musste mir immer wieder etwas Neues ausdenken, um seine Lernbegierde zu befriedigen.

◆ **Ein hervorragendes Gedächtnis:** Teddys gutes Gedächtnis überraschte mich. Ich brachte ihm bei, die unterschiedlich bemalten Deckel zweier Futternäpfe zu unterscheiden. Auf dem einen waren Kreise, auf dem anderen Quadrate aufgemalt. Aber nur in dem Futternapf mit den Kreisen befand sich Futter. Nach vier Versuchen wusste er, wo ich das Futter hineingegeben hatte. Nach mehr als einem Jahr machte ich mit ihm den gleichen Versuch – er wählte auf Anhieb den richtigen Napf. Solche Versuche sind ein Schlüssel zum Verständnis der Lernkapazitäten Ihres Hundes (→ Gehirn-Jogging, ab Seite 68). Schließlich profitieren beide, Mensch und Hund. Der Mensch entdeckt, was im Kopf seines Hundes vorgeht, der Hund hat Spaß und wird geistig fit.

WIE HUNDE LERNEN UND DENKEN

Wie sieht sich der Hund?

Was weiß ein Hund über sich selbst? Haben Sie sich diese Frage schon einmal gestellt? Hier lesen Sie, was bis jetzt herausgefunden wurde.

■ Wissen Hunde, was sie tun?

Hat Robby, der Retriever, eine Vorstellung davon, was er tut, wenn er einer Ente nachschwimmt? Nimmt er sich dabei selbst wahr oder handelt er gewissermaßen blind und unbewusst? Ich zweifle nicht daran, dass er manche seiner Handlungen durchschaut, aber wissenschaftlich bewiesen ist dies nur bei Ratten. Die Ratten mussten, wenn sie fressen wollten, eine Taste drücken. Aber es gab vier verschiedene »Verhaltenstasten«. Putzte sich die Ratte und wollte dann fressen, musste sie die Putztaste drücken. Ruhte sie und wollte dann fressen, drückte sie die Ruhetaste, usw. So konnte man feststellen, dass die Ratte genau weiß, was sie tut.

■ Wissen Hunde um ihren Körper?

Haben Hunde eine Vorstellung von ihrem Körper? Ich denke schon, da man dies an anderen Tierarten gründlich erforscht hat. Hirsche z. B. wissen um die Pracht ihres Geweihs. Außerdem wissen sie, ob sie das Geweih tragen oder nicht. Ein Wissen um den eigenen Körper ist alles andere als selbstverständlich. Eine kleine Störung im Gehirn schaltet diesen Baustein des Bewusstseins aus. Ich habe erlebt, wie Leoparden ihren eigenen Schwanz nach einer Verletzung auffraßen. Sie konnten nicht mehr zwischen »fremd« und »eigen« unterscheiden. Diese Selbstverstümmelung endet meist tödlich. An diesem Beispiel können Sie sehen, wie lebenswichtig es ist, seinen Körper als etwas Eigenes zu erfahren. Hunde haben sicherlich ein Körperbewusstsein, und es hilft ihnen, etwas über sich selbst zu erfahren.

■ Wissen Hunde, wer sie sind?

Wie steht es bei Hunden mit dem Ich-Bewusstsein? Um es vorweg zu sagen, der klassischen Spiegeltest, mit dem man testet, ob Tiere wissen, wer sie sind, bestehen sie nicht. Was ist der Spiegeltest? Bei diesem einfachen, aber aussagekräftiger Test lässt man ein Tier in den Spiegel schauen und beobachtet seine Reaktion. Die meisten Tiere sehen im Spiegelbild einen Artgenossen, den sie entweder attackieren oder anbalzen. Ich habe mit den verschiedensten Tierarten den Spiegeltest selbst durchgeführt oder war Zeuge, wie Tiere darauf reagieren. Alle Hunde, die ich getestet habe, verbellten das Spiegelbild oder fletschten die Zähne. Sie sahen offensichtlich einen vermeintlichen Artgenossen. Interessant war, dass auch ängstliche Hunde nicht den Schwanz einzogen und Angstverhalten zeigten. Furcht ging also von ihrem eigenen Spiegelbild nicht aus. Es sieht nicht so aus, dass Hunde ein Ich-Bewusstsein besitzen, aber sicher bin ich nicht. Sie könnten vielleicht ihr Ich-Bewusstsein über den Geruch definieren.

■ Wer erkennt sich im Spiegel?

Als ich der Schimpansendame Xindra des Baseler Zoos den Spiegel vorhalten durfte, war das eine Sternstunde für mich. Sie untersuchte alle Körperregionen, die sie nur mit dem Spiegel sehen konnte. Minutenlang pulte sie in ihren Zähnen. Zahn für Zahn wurde untersucht. Dann war das Hinterteil dran. Mit den Fingern klappte sie After und

Sieht das Kätzchen in dem großen Hund einen Feind? Und weiß der Hund, dass er eine Katze vor sich hat?

Vagina auf und schaute hinein. Wer dies erlebt hat, benötigt eigentlich keinen wissenschaftlichen Beweis mehr. Aber dennoch, wir wollten es wissen. Unbemerkt von Xindra machte der Pfleger einen kleinen Farbklecks auf ihre Stirn. Sie rieb ihn nicht weg und er störte sie nicht. Nun zeigten wir ihr den Spiegel. Verdutzt schaute sie sich an, bemerkte, dass etwas nicht stimmte, und rieb sich den Fleck von der Stirn. Das war der eindeutige Beweis. Warum? Kinder unter eineinhalb oder zwei Jahren greifen mit der Hand an den gespiegelten Fleck, weil sie noch nicht erkennen, dass sie es sind, die den Fleck tragen. Erst wenn sie über zwei Jahre alt sind, verstehen sie, dass sie es sind, und wischen den Fleck von der Stirn weg. Die Geburtsstunde des Ich-Bewusstseins ist beim Menschen ungefähr mit zwei Jahren.

Haben Hunde ein Ich-Bewusstsein? Der Spiegel-Test bestätigt das leider nicht eindeutig.

WIE HUNDE LERNEN UND DENKEN

Talente entdecken und fördern

Je nach Temperament und Begabung muss ein Hund unterschiedlich gefördert werden, damit er seine Persönlichkeit voll entfalten kann. Dies erfordert sehr viel Einfühlungsvermögen in das Tier.

Meine Hunde Wisla, Robby und Teddy zeigen deutlich, dass sie mit unterschiedlichen Begabungen ausgestattet sind. Jede dieser drei Hundepersönlichkeiten muss unterschiedlich gefördert werden.
Bei Teddy, dem Schäferhund, braucht man eine strengere Hand bei der Erziehung. Robby, der Retriever, muss wie ein rohes Ei behandelt werden, und die große Wisla benötigt viel Einfühlungsvermögen.
Der Lerneifer der drei Hunde ist unterschiedlich, daher kann man von allen nicht das Gleiche fordern. Das hört sich trivial an, wird aber im Umgang mit Hunden immer wieder vergessen. Es gibt zwar den Schäferhund, den Retriever und den Bernhardiner mit seinen typischen Rassemerkmalen. Dies ist aber ein zu grobes Bild, um zu verstehen, was im Kopf des einzelnen Hundes vor sich geht. Man muss erkennen, wer Wisla, wer Robby und wer Teddy ist. Bei dieser Suche helfen einfache Lern- und Denktests (→ ab Seite 68).

Können Hunde zählen?

Zählen ist für uns das Selbstverständlichste auf der Welt. Aber ist dem wirklich so? Einige Urvölker im Amazonasgebiet zählen nur bis vier. Fünf Früchte oder zehn Früchte sind einfach viele. Sie unterscheiden sie nicht mehr. Warum sind wir solche Zählkünstler und andere nicht? Diese Frage zu beantworten ist schwierig, aber sicher ist: In unserer technischen Welt kann man ohne Zählen nicht bestehen. Einer Anzahl Gegenstände eine bestimmte Zahl zuzuordnen setzt eine gewisse Abstraktion voraus.
Wer zählen kann, kann bestimmte logische Operationen im Kopf durchspielen. Kein Wunder also, dass sich die Menschen schon immer fragten, ob Tiere zählen können. Weltberühmt wurde das Pferd namens »Kluger Hans«. Mit Hufschlägen demonstrierte es seine Rechenkünste. Zwei und drei ergaben fünf Hufschläge. Es konnte sogar die Wurzel aus 16 berechnen. Ohne zu zögern, schlug es viermal mit den Hufen.

Können Hunde zählen?

Ein Tierwunder oder Bluff? Diese Frage beschäftigte die Menschen in den zwanziger Jahren des vergangenen Jahrhunderts. Verständlich, dass der »Kluge Hans« zur Herausforderung für die Wissenschaft wurde. Zwei Expertenkommissionen waren nötig, um das Rätsel zu lösen. Ein junger Mitarbeiter des Psychologischen Instituts Berlin konnte in einer langen Versuchsserie nachweisen, dass immer dann, wenn das Pferd die richtige Klopfzahl erreicht hatte, die Zuhörer eine Art »Entspannungsruck« durchführten – eine unmerkliche Hebung des Kopfes. Diese winzige Bewegung – manchmal nicht mehr als ein fünftel Millimeter – erfolgte unbeabsichtigt und unbewusst. Aber das Pferd nahm sie als Signal zum Beenden seiner Klopfserie auf. Unbemerkt von seinem Lehrer war es während des Unterrichts darauf dressiert worden.

Was hat ein Pferd in einem Hundebuch zu suchen? An diesem Beispiel wollte ich Ihnen zeigen, wie vorsichtig man seine Versuche planen muss, um eine eindeutige Aussage zu bekommen. Zu leicht schleicht sich ein Fehler ein. Im Bewusstsein dieser Schwierigkeit

Wie oft findet Ihr Hund die richtige Zahl heraus, unter der das Futter liegt?

WIE HUNDE LERNEN UND DENKEN

testeten wir Hunde nach einer Methode, die wir bei Katzen entwickelt haben. Einige unserer Katzen konnten im mathematischen Sinne bis vier zählen. Das Prinzip des Versuches ist einfach.

Die Katze läuft aus etwa vier Metern Entfernung auf vier Futternäpfe zu, auf deren Deckeln entweder ein, zwei, drei oder vier Symbole abgebildet sind, während entweder ein, zwei, drei oder vier Töne erklingen. Nur wenn die Katze den Napf wählt, dessen Deckel diejenige Anzahl von Symbolen aufweist, welche der Anzahl der erklungenen Töne entspricht, erhält sie Futter. Es führt hier zu weit, alle Kontrollversuche zu beschreiben, aber so viel sei gesagt: Die Katze hörte zum ersten Mal drei Töne und wählte drei Symbole. Auch bei vier Tönen machte sie auf Anhieb keinen Fehler. Schnurstracks ging sie zum richtigen Napf. Diese richtigen Entscheidungen belegen, dass Lernen keine Rolle spielte. Natürlich haben wir unsere Ergebnisse statistisch abgesichert.

◆ **Hunde können bis drei zählen:** Wir waren überzeugt, dass wir auch Hunde mit dem gleichen Versuch wie für die Katzen auf ihre Zählkünste hin testen können. Siegessicher gingen wir daran, den Beweis anzutreten. Leider vergeblich. Wenn es für die Hunde schwierig wurde, sich zwischen zwei und drei zu entscheiden, legten sie sich entweder zwischen die Futternäpfe oder forderten ihren Besitzer auf zu helfen. Wir haben alles Mögliche versucht und viele Hunde getestet, aber nach eineinhalb Jahren gaben wir enttäuscht auf. Das heißt aber nicht, dass die Hunde unfähig sind zu zählen. Es könnte auch sein, dass sie bei auftretenden

Auf neue, interessante Aufgaben scheint dieser kluge Border Collie nur zu warten.

Schwierigkeiten die Entscheidung Herrchen oder Frauchen überlassen, obwohl sie selbst die Situation durchschauen.

Diesen Gedanken untermauerten Wissenschaftler der Uni Budapest mit einem Versuch. Sie stellten Hunde vor die Entscheidung, einen Leckerbissen zu ergattern, indem sie einen Hebel bedienen mussten, der das sichtbare Futter freigab. Einige der Hunde fanden schnell heraus, was zu tun war, andere blieben untätig. Dabei fiel auf, dass die Hunde mit einer besonders festen Bindung zum Menschen extrem untätig waren. Diese Unterschiede verschwanden sofort, wenn sie von ihrem Besitzer ermuntert wurden, sich das Futter zu holen. Da wussten alle Hunde, was zu tun war. Die Hunde mit der stärkeren Beziehung zum Menschen sind deshalb aber nicht »dümmer«, sondern zeigen nur ein abhängiges Verhalten. Vielleicht war dies auch der Grund, warum wir bei unseren Zählversuchen kein Glück hatten. Mehr Glück hatten Rebecca West und Robert Young. Sie gingen ganz anders vor. Ihre Methode war von Erfolg gekrönt. Die Versuchsergebnisse lassen den Schluss zu, dass Hunde zählen können. Immerhin konnten sie 1+1 und 1+2 zusammenzählen. Aber es bleibt noch viel Arbeit, um eine genaue Antwort zu geben.

INFO

Träumen

Sowohl beim Menschen als auch bei Hunden hat man festgestellt, dass sich die Schlafphasen mit zunehmendem Alter verändern. Die REM-Phasen (→ Seite 58) nehmen mit dem Älterwerden ab. Vermutlich träumen auch ältere Hunde weniger. Das können Sie selbst an Ihrem Hund beobachten. Ich habe das Glück, einen jungen und einen älteren Hund zu besitzen, und sehe, dass der junge Hund deutlich mehr mit seinen Beinen während des Schlafens zuckt als der ältere.

Superstar Rico

Kein Zweifel, Rico, der Border Collie von Frau Baus, ist ein Star. Wer schafft es schon, Wettkönig bei Thomas Gottschalks Fernsehsendung »Wetten, dass ...?« zu werden und in einer der renommiertesten naturwissenschaftlichen Fachzeitschriften, nämlich »Science«, zu erscheinen. Was zeichnet Rico aus und was kann der Tausendsassa?

◆ **Was Rico kan:** Rico wählt auf Kommando unter mehr als 100 Gegenständen aus Plüsch den richtigen aus und bringt ihn seinem Frauchen. Zielsicher holt er ihr den Teddy, die Sonne, den Fußball von Borussia Dortmund oder Bayern München. Von 100 verschiedenen Dingen den Namen zu kennen ist eine enorme Leistung. Wie groß sie ist, können Sie an sich selbst überprüfen. Versuchen Sie einmal, sich 100 chinesische Vokabeln zu merken. Sie werden sehen, es ist schwierig. Chinesisch als Sprache ist Ihnen vermutlich ebenso fremd und wenig vertraut wie Rico die unsere. Rico brachte die Menschen vor den Fernseher und die Fachwelt zum Staunen. Man vermutete, es handelt sich um einen »Klugen-Hans-Effekt«, also um einen Trick (→ Seite 53). Juliane Kaminski vom Max-Planck-Institut in Leipzig überprüfte den Verdacht und wir durften dabei sein und filmen.

Die Begegnung mit Rico war für mich als Biologe ein Erlebnis. Frau Kaminski wählte zufällig 15 Plüschtiere aus und verteilte sie im Raum. Frau Baus, die Halterin von Rico, befand sich währenddessen in einem anderen Raum. Sie wusste also nicht, welche Tiere Frau Kaminski auswählte und wie sie die Plüschtiere verteilte.

◆ **Der Beweis des Denkens ist erbracht:** Frau Baus rief Rico zu sich und gab ihm das Kommando: »Rico, hol den Schmetterling.« Was jetzt geschah, überraschte mich. Rico rannte flugs in den anderen Raum, bedächtig ging er aber hier von einem Plüschtier zum anderen und schnüffelte an ihnen. Das sah nicht nach blindem Auswendiglernen aus, sondern eher nach Überlegung.

Zwei Jahre später konnte Frau Kaminski dies durch ein elegantes Experiment bestätigen. Sie legte unter die vertrauten Spielzeuge ein fremdes, unbekanntes und gab ihm z. B. den Namen »Hahn«. Weder Spielzeug noch Wort kannte Rico zuvor, und dennoch entschied er sich richtig und packte den Hahn. Das war ein schlagender Beweis dafür, dass Hunde denken können. Rico ging nach dem Ausschlussverfahren vor: Das neue Wort muss den Gegenstand bezeichnen, den er noch nicht kennt. Kleinkinder erfassen neue Wörter nach demselben Prinzip. Das war eine wissenschaftliche Sensation und wert, in der Fachzeitschrift »Science« publiziert zu werden.

Zur »Schokoladenseite« von Rico gehört aber auch noch etwas anderes. Rico ist sehr anstrengend und fordert viel von seinem Frauchen. Seine »Lernsucht« ist kaum zu bremsen. Immer wieder schleppt er Spielzeug an. Er hält sein Frauchen auf Trab.

Was er aber noch nicht gelernt hat, ist, seine Angst vor Gewittern zu bekämpfen. Beim ersten leichten Donner mussten wir unsere Kameras einpacken, weil er sich verkroch und nicht mehr gesehen ward.

◆ **Talent erkennen:** Doch wie hatte Frau Baus das Talent und die Begabung von Rico eigentlich erkannt? Wie so oft im Leben durch Zufall.

Rico war verletzt und durfte keine großen Spaziergänge machen, also musste sie sich etwas einfallen lassen, um dieses Temperamentsbündel zu beschäftigen. So ist die Idee des Apportierens von Plüschtieren entstanden. Eine tolle Idee, wie ich finde. Sie trainiert das Gedächtnis und die Muskulatur, und der Hund lernt immer wieder neue Plüschtiere mit einem Namen zu verbinden (→ Seite 55). Das ist körperliches und geistiges Jogging zugleich. Auch uns tut es gut, wenn wir unser Gedächtnis z. B. durch Vokabellernen fit halten.

Als Hundefan und Wissenschaftler habe ich mich natürlich über den wissenschaftlichen Beweis gefreut, dass Hunde Probleme lösen und denken können.

INFO

Emotionale Intelligenz – was ist das?

Hunde können die Gefühle des Menschen gut analysieren und interpretieren. In einer engen Mensch-Hund-Beziehung geht der Hund sogar auf die Gefühle seines menschlichen Partners ein. Er kann mit den Launen des Menschen umgehen. Bei missmutiger Stimmung beispielsweise zieht er sich zurück, und bei Trauer schmiegt er sich besonders an den Menschen an. Bei Freude ist er ausgelassen und fordert zum Spiel auf.

Emotionale Intelligenz

Der Hund kann die Gefühle seines Menschen hervorragend wahrnehmen. Er verfügt demnach über ein hohes Maß an sozialer Intelligenz.

Emotionale Intelligenz

In mancher Hinsicht sind die Hunde Spitze und übertreffen sogar die Schimpansen, die vermutlich die intelligentesten Tiere auf diesem Planeten sind.

Hunde verfügen über ein hohes Maß an emotionaler Intelligenz (→ Info, links) und nehmen diesbezüglich eine Sonderstellung zum Menschen ein. Ich glaube, keine Tierart versteht uns Menschen so gut, kann unsere Gefühle so genau wahrnehmen und mit ihnen umgehen wie ein Hund. Dadurch ist auch die Bindung des Menschen zu seinem Hund häufig ganz besonders eng. Der Hund wurde von Anbeginn in die Dienste des Menschen eingespannt. Ziel der Hundezucht war für den Menschen, nützliche Leistungen durch Zuchtauswahl herauszuzüchten. Unbeabsichtigt und unbewusst hat man durch die Zucht die soziale, emotionale Intelligenz des Hundes gefördert – quasi als Nebenprodukt. Das war ein sich gegenseitig bedingender Regelkreis.

Je besser die Hunde uns verstanden, desto stärker wurde die Bindung zu uns. Also züchteten wir Hunde, die die gewünschten Eigenschaften zeigten, und setzten die Zucht mit gezielter Auswahl eben dieser Exemplare fort.

Schlafen und träumen

Gesunder Schlaf ist für Hunde ebenso wichtig wie für uns. In Träumen verarbeitet der Vierbeiner vermutlich die Erlebnisse des Tages.

■ Schlafen und Denken

Denken und Schlafen sind untrennbar miteinander verbunden. Diese Ansicht wird auch von J. Allan Hobson, Professor an der Harvard Universität, unterstützt. Beim Menschen wissen wir, welche Auswirkungen Schlafmangel hat: Wir werden unkonzentriert, es mangelt uns an Aufmerksamkeit, und wir können koordinierte Bewegungen wie etwa Autofahren kaum durchführen. Warum soll dies bei Hunden anders sein? Sicher, der Schlaf eines Hundes unterscheidet sich von dem des Menschen. Nach Hobson gilt: Je komplexer das Gehirn, desto komplexer der Schlaf. Was macht das Gehirn, während wir schlafen? Schläft es womöglich? Unstrittig ist, dass das Gehirn während des Schlafens aktiv ist, aber keine Sinnesreize verarbeitet. Während des Schlafens misst man Hirnströme (EEG = Elektroenzephalogramm), die sich allerdings von jenen im Wachzustand unterscheiden. Schlaf entsteht durch die Tätigkeit des Gehirns und nutzt diesem. Durch Hirnströme konnten unterschiedliche Schlafstadien festgestellt werden, die sich periodisch wiederholen. Ein Stadium heißt REM-Phase (engl. rapid eye movement). Hier beobachtet man eine schnelle Bewegung des Augapfels, daher der Name. In diesem Stadium wird besonders viel geträumt und die Aktivität der einzelnen Hirnareale ist besonders hoch. Außerdem zeigen Tiere, die ein Lernprogramm absolvieren, eine – wenn auch geringfügige – Zunahme des REM-Schlafes. Und Schlafentzug erschwert neues Lernen. Während des REM-Schlafes vertiefen wir das Gelernte, aber handeln nicht. Statt dessen rufen wir Erinnerungen ab und setzen sie in Träumen in Szene. So die Theorie von J. Allan Hobson. Uns interessiert, welche Auswirkungen der Schlaf auf das Denken hat. Man weiß heute, dass wir im Schlaf die während des Wachzustands erworbenen Informationen speichern, aktiv erneuern und verarbeiten.

■ Auch Hunde träumen

Es spricht vieles dafür, dass Hunde träumen. Wie bei uns Menschen kann man bei ihnen ähnliche Hirnströme messen und auch eine hohe neuronale Aktivität während der REM-Phase beobachten. Auch die biochemischen Mechanismen sind sehr ähnlich. Dass Hun-

Was träumen Hunde?

de träumen, wird kaum noch bezweifelt. Das können Sie selbst an Ihrem Vierbeiner beobachten. Ich besitze einen jungen und einen älteren Hund und sehe, dass der junge Hund deutlich mehr mit seinen Beinen während des Schlafens zuckt. Das macht Sinn, denn für die jungen Hunde ist die Welt neu, und vieles, was auf sie einströmt, muss verarbeitet werden. Das tun sie vermutlich in ihren Träumen. Schwieriger wird es bei der Frage, was sie träumen.

Adrian Morrison, ein renommierter Schlafforscher der tierärztlichen Fakultät der Universität von Pennsylvania, zeigte uns eindrucksvoll, was eine Katze träumt. Die Katze hatte einen Tumor, sodass ihre Muskeln, die sie beim Laufen einsetzt, nicht gehemmt waren, was ja während des Schlafens sonst der Fall ist. Bei Schlafwandlern ist diese Hemmung ebenfalls gestört. Dadurch können sie während des Träumens spazieren

Völlig entspannt liegt dieser Welpe in der Hängematte. Ob er im späteren Schlaf auch süße Träume hat?

gehen. Aber zurück zur Katze. Adrian Morrison hatte gefilmt, wie diese Katze während des Träumens auf Mäusejagd ging. Sie stand auf – ihre Augenlider geöffnet, die Nickhäute geschlossen –, schlich am Boden entlang und machte plötzlich einen Sprung auf die vermeintliche Beute. Es war eine Jagdszene wie im Wachzustand. Dass sie schlief, verrieten ihre geschlossenen Nickhäute. Die Mehrzahl der Wissenschaftler ist sich einig: Tiere mit einem gut ausgebildeten Großhirn träumen. Und das ist kein Zufall. Es sind die Denker unter den Tieren.

■ Das ist wichtig

Gut ausgeschlafene Hunde lösen Probleme besser als müde Tiere. Achten Sie bei Ihrem Hund darauf, wenn Sie mit ihm Intelligenztests machen (→ Seite 71). Nehmen Sie auf seinen Schlafrhythmus Rücksicht.

Nach dem ausgelassenen Spiel ist dieser Welpe auf Mamas Rücken eingeschlafen.

WIE HUNDE LERNEN UND DENKEN

Wie gut verstehen uns Hunde?

Auf diesem Wissenschaftsfeld arbeiten besonders die Verhaltensabteilung der Uni Budapest unter Leitung von Adam Miklosi und das Max-Planck-Institut von Leipzig. Adam Miklosi fand heraus, dass Hunde viele Gesten des Menschen verstehen. Selbst wenn Herrchen auf weit entfernte Gegenstände weist, versteht der Hund, dass er dort hinlaufen und sie holen soll. Nichts Besonderes, denken Sie. Aber wenn man Tests mit anderen Tierarten durchführt, begreift man die Schwierigkeiten. Doch wie weit geht das Verständnis zwischen Mensch und Hund? Verstehen Hunde auch indirekte Hinweise des Menschen? Brian O'Hare vom MPI in Leipzig wollte es wissen und hatte Erfolg. Wir machten den gleichen Versuch in leicht abgewandelter Form, und auch Sie können den Test leicht mit Ihrem Hund durchführen (→ Signale erkennen und Zeige-Test, Seite 77).

Hundebabys, die von Katzen groß gezogen wurden, putzen sich auch später wie eine Katze.

Betrügen Hunde?

Haben Hunde eine Vorstellung davon, was wir mit unseren Augen sehen? Es scheint so. Schauplatz ist wieder das Max-Planck-Institut, und wieder haben wir die Versuche nachgeahmt. Der Test ist lustig und spaßig zugleich. Einzige Voraussetzung: Der Hund muss gut gehorchen. In unserem Fall heißt der Hund Gina, ein Berner-Sennen-Mix, groß und schlau. Ginas Frauchen setzte sich gemütlich auf einen Stuhl, und Gina legte sich etwas entfernt neben sie. Vor beiden lag im Abstand von zwei bis drei Metern ein Leckerbissen. Gina bekam den Befehl »Platz«. Sie sollte ja nicht das Leckerli stibitzen. Bei jeder Annäherung an das Leckerli ertönte ein scharfes »Aus«. So saßen die beiden drei bis vier Minuten, und die Fronten waren klar. Gina gehorchte. Jetzt begann der eigentliche Versuch. Die Halterin nahm eine Zeitung und hob sie vor ihr Gesicht. Sie tat so, als ob sie lese. Und was machte Gina? Sie beobachtete aufmerksam ihr Frauchen. Immer wieder schaute sie zuerst ihr Frauchen an, und dann wechselte der Blick auf das Leckerli. Dieses Spiel wiederholte sich mindestens 10-mal. Dann lief ihr der Speichel im Maul zusammen.

Sie stand zwar auf, bewegte sich aber nicht von der Stelle und setzte sich wieder. Auch dieser Vorgang wiederholte sich einige Male. Inzwischen waren neun Minuten vergangen. Plötzlich stand Gina auf und ging, wie auf Zehenspitzen, in Richtung Leckerli. Sie fraß das Leckerli und setzte sich dann irgendwo in den Raum. Gina war nicht so klug, sich an den ursprünglichen Platz zu setzen. Doch für uns war klar, Gina hatte ein schlechtes Gewissen. Der Kontrollversuch ergab, wenn Frauchen unbeteiligt, aber ohne Zeitung vor dem Gesicht dasitzt, betrügt Gina nicht. Beide saßen 45 Minuten nebeneinander, ohne dass sich etwas tat. Wir testeten noch drei weitere Hunde, mit demselben Ergebnis (→ Das Betrüger-Spiel, Seite 79).

INFO

Kontakte sind wichtig

Für Hunde als Rudeltiere ist es enorm wichtig, dass sie viele Kontakte zu Menschen und Artgenossen haben, sonst verkümmern ihre sozialen Fähigkeiten. Hunde, die permanent einsam im Zwinger leben, haben Schwierigkeiten im Umgang mit anderen Hunden und Menschen. Sie werden aggressiv und bissig. Diese Haltungsform ist das »Erfolgsrezept« für Kampfhunde. Die meisten dieser bedauerlichen Wesen sind also Opfer der Menschen.

Können Hunde nachahmen?

Nachahmung hat in unserer Gesellschaft keinen hohen Stellenwert. Wer etwas kopiert, hat keine eigenen Einfälle und Kreativität, so die öffentliche Meinung. Da ist auch etwas dran. Aber ich denke, diese Betrachtung greift zu kurz, denn Nachahmung ist mehr. Wer etwas abschaut und nachahmt, erspart sich das eigene Lernen durch »Versuch und Irrtum«. Und er umgeht das abwägende Durchspielen auf seiner inneren Bühne im Kopf. Stattdessen werden ihm Lösungen vorgespielt. Man braucht sie nur zu imitieren. Aber was heißt da »nur«? Nachahmen setzt erstens voraus, dass man wahrnimmt, was der andere tut, und zweitens, dass man diese Handlungsweisen in eigene Handlungsweisen überträgt. Man schließt vom anderen auf sich selbst. Nachahmung birgt ein Problem in sich: Sie tritt selten alleine auf, sondern ist mit anderen Verhaltensweisen verwoben. Eine klare Grenze zwischen den einzelnen Verhaltensweisen zu ziehen ist schwierig. Wenn ein Löwe beispielsweise eine Antilope schlägt, hat er einiges von Geburt an mitbekommen, einiges abgeschaut und einiges selbst gelernt.

◆ **Lernen durch Nachahmung:** Kein Geringerer als Charles Darwin, der Begründer der Evolutionstheorie, hat dieses Problem erkannt. Er schilderte scharfsinnig mehrere Fälle, wie Hundebabys von Katzen großgezogen wurden. Und siehe da: Die Welpen gewöhnten sich an, was typisch für Katzen ist. Sie leckten ihre Pfoten nass, um damit wie mit einem Waschlappen über Kopf und Ohren zu fahren. Einer der Welpen hat die-

WIE HUNDE LERNEN UND DENKEN

1

Wie sag' ich, was ich möchte?

Das Handy liegt unerreichbar für den Hund auf dem Regal. Er möchte es seinem behinderten Herrchen bringen, als es klingelt. Doch wie soll er das anstellen? In dieser Szene haben wir nachgestellt, wie der Schäferhund Philipp dieses Problem löste.

2

Der Hund denkt mit

Philipp brachte dem Besucher seines g behinderten Herrchens Richard eine le Filmdose, um so auf sich aufmerksam machen. Die Filmdose, die Philipp noch verwendet hatte, war gleichzusetzen der Aussage: »Ich brauche Hilfe.«

se Katzenwäsche sein ganzes dreizehnjähriges Hundeleben beibehalten. Das war 1871. Darwin erkannte die geistigen Fähigkeiten der Hunde. Umso erstaunlicher ist es, dass wir weit mehr als 100 Jahre später immer noch unsere Hunde unterschätzen und ganz auf Dressur setzen. Nehmen wir beispielsweise die Ausbildung von Drogenhunden. Üblicherweise kommen die Welpen bereits mit acht Wochen zu ihrem Trainer. Mit drei Monaten erhalten sie ihre erste Dressurausbildung. Dann unterliegen sie einem Auswahltest. Es folgen weitere Dressuren und schließlich die Abschlussprüfung. Ein hartes Schuljahr. Aber das Meiste könnte man sich

sparen. Das legt zumindest eine Studie aus Südafrika nahe. Die Welpen einer Drogenhündin durften anstelle der Dressur bei ihrer Mutter bleiben und an deren Spür- und Schnüffeleinsätzen teilnehmen. Das Ergebnis war verblüffend: Die Lehre bei der Mutter war genauso effektiv wie das harte Training bei den Ausbildern. Ganz nebenbei hatten die jungen Hunde mitbekommen, was Mutter von Beruf macht, und es mit spielerischer Leichtigkeit nachahmend von ihr übernommen.

Bisher richtete man kaum den Fokus auf Nachahmung. Das mag vielleicht daran liegen, dass die meisten Hunde mit Frauchen

Können Hunde Symbole verstehen?

blem gelöst

Besucher folgte dem Hund und wusste
rt, was er von ihm wollte. Er nahm das
dy und brachte es seinem Freund Rich-
Philipp war sichtlich zufrieden. Auch
ünftig hatte die leere Filmdose die
eutung: »Hilf mir.«

oder Herrchen alleine leben. Bei unseren beiden Hunden habe ich aber schon erlebt, dass sie imitieren. Robby, der Retriever, war zehn Jahre lang nicht in der Lage, eine angelehnte Tür mit der Schnauze aufzustoßen, bis es ihm Wisla, die Bernhardinerhündin, vormachte. Die Jahre zuvor stand er ratlos vor der Türe und bellte und holte sich von uns Hilfe. Interessant ist, dass er sich dieses Verhalten nicht von Teddy, dem Schäferhund, abschaute, mit dem er über Jahre zusammenlebte. Diese Eigenheit erschwert natürlich einen experimentellen Zugang. Haben Hunde womöglich einen bevorzugten Partner, von dem sie abschauen? Bei

Robby habe ich den Verdacht, denn er schaute noch weitere Dinge von Wisla ab. Und Wisla? Ich glaube auch, nur sieht man es bei ihr nicht so deutlich. Ich muss noch genauer beobachten und Versuche dazu entwickeln. Adam Miklosi in Ungarn hat das schon getan. Seine Kandidaten sind Philipp, ein belgischer Schäferhund, und Richard, sein Herrchen. Beide werden uns gleich noch begegnen. Richard ist behindert und sitzt im Rollstuhl. Hebt Richard mit den Vorderrädern des Rollstuhls vom Boden ab, kippt leicht nach hinten und lässt sich wieder zurückfallen, so macht das Philipp nach, indem er die Vorderbeine hoch- und runterbewegt. Aber es kommt noch besser: Dreht sich Richard auf den großen Hinterrädern nach links, dreht sich auch Philipp nach links. Das Gleiche geht natürlich auch rechtsrum. Wir haben es erlebt und waren baff. Was anfangs ein Spiel war, wurde Wissenschaft.

Können Hunde Symbole verstehen?

Wir kennen sie schon, Richard und Philipp, ein »Traumpaar« der Mensch-Hund-Beziehung. Was Rico in Deutschland ist, ist Philipp in Ungarn. Er wurde zum intelligentesten Hund des Jahres 2000 gewählt. Beide stehen sich in nichts nach. Wer Richard und Philipp besucht, erlebt seine erste Überraschung am Gartentor. Nach dem Klingeln stürmte uns ein temperamentvoller, bellender Schäferhund entgegen. Das Tor ist abgeschlossen, und von der Ferne ruft Richard: »Alles in Ordnung, der Besuch darf kommen.« Philipp rennt ins Haus, holt vom

WIE HUNDE LERNEN UND DENKEN

Schlüsselbrett den richtigen Schlüssel und übergibt ihn den Besuchern. Nicht schlecht, aber das läuft noch auf der Stufe des Lernens ab. Und ist vielleicht für einen ausgebildeten Behindertenhund nichts Besonderes. Doch was jetzt kommt, habe ich nur bei Schimpansen gesehen.

◆ **Philipp »spricht« mit Herrchen:** Philipp kann auch eigene Wünsche äußern. Dazu benützt er Symbole. Sie hängen neben dem Schlüsselbrett. Eine Kette mit Dreieck bedeutet: »Ich will spielen.« Eine Kette mit einem Ring heißt: »Ich habe Durst.« Eine Kette mit einer Kordel bedeutet: »Ich bin müde.« Eine mit einer Plastikwurst: »Ich will spazieren gehen.« Aber hinter einem Symbol, nämlich einer alten Filmdose, verbirgt sich eine ganz besondere Geschichte.

Ein Freund von Richard legte gedankenlos Richards Handy in ein Regal des Küchenschranks, wo es sowohl für Richard als auch für seinen Hund Philipp unerreichbar war. Nach einer Stunde – der Freund war gegangen, neuer Besuch gekommen – klingelte das Handy. Philipp rannte zum Küchenschrank, um das Handy zu holen. Aber vergeblich. Richard und sein Besuch befanden sich in einem anderen Raum und bemerkten Philipps Problem nicht. Philipp gab jedoch nicht gleich auf. Plötzlich packte er eine auf dem Tisch liegende Filmdose und brachte sie dem Besucher. Er machte so auf sich aufmerksam und forderte ihn auf, ihm in die Küche zu folgen. Das tat der Besucher und begriff sofort, was Philipp von ihm wollte. Er nahm das Handy und brachte es Richard. Nun war Philipp zufrieden. Die Filmdose wurde zum Symbol und bedeutet nun »Hilf mir«.

Auch in anderen Situationen, in denen Philipp nicht weiter weiß, setzt er die Filmdose ein. Das sind die Anfänge einer Bildsprache. Jedem Gegenstand oder Symbol wird ein Wort oder eine Wortkombinationen zugeordnet. Auf diese Art und Weise kommunizieren stumme Menschen miteinander.

Die Wissenschaft bediente sich dieser Methode bei der Erforschung der Sprache bei Menschenaffen. Das größte Genie unter den Menschenaffen ist Kanzi, der Bonobo. Seine Symbolsprache umfasst über 100 Zeichen, und er kann damit sogar Sätze bilden. Ich wurde Zeuge seines Könnens, und ich muss gestehen, es war ein großer Moment in meinem Leben. Kanzi und ich spielten Ball, plötzlich rannte er zu seinem Laptop, auf dem Symbole abgebildet sind, und drückte bedächtig auf einige Zeichen. Sie bedeuteten: »Kraul mich«, wie mir seine Trainerin erklärte. Das war nur eine seiner überzeugenden Kostproben. Ich bin überzeugt, Kanzi versteht unsere Sprache bis zu einem gewissen Punkt und kann sie auch anwenden.

So weit würde ich bei Hunden nicht gehen, obwohl mich auch Philipp überraschte. Als er bei unseren Dreharbeiten müde wurde, holte er die Kette mit der Kordel, das Symbol für »müde«. Und als er gar keine Lust mehr hatte, brachte er die Kette mit der Plastikwurst, das Symbol für »spazieren gehen«. Das war unmissverständlich, und wir beendeten unseren Dreh.

Lernen à la Rico (→ Seite 78). Forde
Sie Ihren Hund auf, ein Spielzeug
entsprechendem Namen zu bring

Können Hunde Symbole verstehen?

3
Gehirn-Jogging für jeden Tag

Langeweile und eine permanente Unterforderung machen Ihren Vierbeiner auf Dauer unzufrieden. Ein spielerisches Trainingsprogramm hält ihn geistig und körperlich fit. Außerdem entdecken Sie vielleicht Talente bei Ihrem Hund, von denen Sie bisher nichts ahnten ...

GEHIRN-JOGGING FÜR JEDEN TAG

Lernübungen mit Pfiff

Die folgenden Übungen schärfen die Sinne, die Aufmerksamkeit und das Gedächtnis Ihres Hundes. Zudem erleichtern sie die Erziehung Ihres Vierbeiners, auch wenn Sie es vielleicht zunächst nicht glauben.

Hunde, die gelernt haben, auf kleine Zeichen zu achten, verstehen in der Regel leichter, was man von ihnen will. Beginnen Sie mit einfachen Aufgaben und steigern Sie allmählich den Schwierigkeitsgrad. Bedenken Sie: Kein Meister ist vom Himmel gefallen. Auch wir benötigen Zeit, bis wir gelernt haben, uns auf das Wesentliche zu konzentrieren. So geht es auch Ihrem Hund. Die Übungen sollen beiden Spaß machen und haben nichts mit Gehorsamsübungen zu tun. Hier geht es vielmehr um die geistige Freizeitgestaltung für Ihren Hund.

Genau beobachten

Testen Sie doch einmal, wie gut Ihr Hund beobachten kann.

Becher-Test 1

◆ **Übungsaufbau:** Nehmen Sie zwei Becher, die sich in Form und Größe gut unterscheiden. Ihr Hund soll im Abstand von einem Meter direkt vor Ihnen sitzen und Sie beobachten. Stülpen Sie die Becher um und legen Sie unter einen etwas Trockenfutter.

◆ **Übungsablauf:** Geben Sie das Kommando »Such«. Der Hund geht zielgerichtet zu dem Becher mit dem Futter, wirft ihn um und holt sich seine Belohnung. Diesen Vorgang wiederholen Sie mehrere Male. Mit großer Wahrscheinlichkeit hat Ihr Hund gelernt, wie der Becher auszusehen hat, unter dem das Futter liegt. Das können Sie überprüfen. Vertauschen Sie die Position des Bechers und vergrößern Sie die Entfernung. Geht Ihr Hund sofort zum fraglichen Becher, hat er begriffen.

Becher-Test 2

Nun erschweren Sie die Aufgabe. Der Hund darf jetzt und in den weiteren Übungen nicht sehen, wo Sie das Futter verstecken.

◆ **Übungsaufbau:** Stellen Sie in einer Reihe fünf umgestülpte Becher auf. Einer der Becher ist der alte (wie im ersten Versuch).

Der Becher-Test

◆ **Übungsablauf:** Der Hund muss den richtigen aus den fünf Bechern auswählen. Fordern Sie ihn wiederum mit dem Kommando »Such« auf. Den richtigen Becher zu finden dauert zwar bei diesem Versuch etwas länger, ist aber für die meisten Hunde kein Problem. Schwieriger wird es, wenn Sie die Becher zufällig im Raum verteilen. Warum? Erstens muss der Hund gelernt haben, dass er auswählen muss, und zweitens benötigt er Zeit beim Suchen. Das ist für manche Hunde nicht ganz einfach. Diese Aufgabe erfordert sehr viel Übung mit Ihrem Vierbeiner. Vergessen Sie nicht, ihn bei jeder richtigen Entscheidung ausgiebig zu loben.

Becher-Test 3

Diese Übung ist eine weitere Steigerung des Schwierigkeitsgrades.

◆ **Übungsaufbau:** Nun legen Sie das Futter unter einen anderen der fünf Becher. Die Becher sind der Reihe nach angeordnet.

◆ **Übungsablauf:** Fordern Sie den Hund mit dem Kommando »Such« auf. Er geht, wie gelernt, erst zum alten Becher und ist

Der Becher-Test sagt etwas darüber aus, wie gut Sie Ihr Hund beobachtet.

GEHIRN-JOGGING FÜR JEDEN TAG

> **TIPP**
>
> **Keine Lust zum Lernen**
>
> Auch Hunde sind nicht jeden Tag und zu jeder Tageszeit gleich gelaunt und bereit zum Lernen. Dass er keine Lust hat, erkennen Sie daran, dass er Sie nicht gut beobachtet, wenn Sie ihm die gestellte Aufgabe klar machen wollen. Er schaut umher und schnuppert am Boden. Versuchen Sie nicht, ihn mit Gewalt zu motivieren. Stattdessen fordern Sie ihn mit Gesten und aufmunternder Stimme auf mitzumachen. Hat er gar keine Lust, verzeihen Sie ihm seine Laune.

enttäuscht, dass er kein Futter darunter findet. Nun scheiden sich die Geister. Einige Hunde schauen unter den anderen Bechern nach. Die anderen stehen verdutzt davor und verstehen die Welt nicht mehr. Gehört Ihr Hund zu letzterer Gruppe, heben Sie den Becher an und zeigen dem Kandidat das Futter. Jetzt wird es spannend! Wie lange braucht Ihr Hund, bis er gelernt hat, dass sich das Futter unter einem anderen Becher befindet?

◆ **Hinweis:** Nach unseren Erfahrungen tun sich Hunde mit dieser Übung schwer. Die meisten versuchen immer noch vergeblich ihr Glück beim alten Becher. Umlernen ist nicht einfach, das wissen wir aus eigener Erfahrung. Erst neulich habe ich es wieder am eigenen Leib gespürt. In einem Hotel konnte man das Türschloss nur öffnen, wenn der Schlüssel entgegen der Gewohnheit linksherum gedreht wird. Wie oft bin ich in den acht Tagen hereingefallen. Das nur nebenbei. Unsere Erfahrungen zeigen, dass sich die Kandidaten unterscheiden. Diejenigen, welche neugierig und freiwillig den Becher mit Futter suchten, lernten schneller um als die anderen.

Symbole erkennen

Auch bei dieser Übung wird die Beobachtungsgabe getestet.

◆ **Übungsaufbau:** Nehmen Sie zwei gleiche Futterschalen und decken Sie sie mit jeweils gleichen weißen Pappkartons ab. Auf die Pappkartons zeichnen Sie jeweils einen Kreis und ein Dreieck. Die Futterbelohnung legen Sie in die Schale mit dem Dreieck.

◆ **Übungsablauf:** Geben Sie das Kommando »Such«. Da der Unterschied nicht so offensichtlich ist wie beim Becher-Test 1 (→ Seite 68), brauchen die Hunde länger, um zu begreifen, dass das Futter unter dem Deckel mit dem Dreieck liegt.

Hat der Hund gelernt, dass er kein Futter unter dem Deckel mit dem Kreis findet, verändern Sie die Aufgabe, indem Sie ein Viereck statt des Kreises auf den Pappkarton zeichnen und den Napf nun mit dem Viereck abdecken.

Wie reagiert der Hund? Er wird zögern, den Deckel mit dem Viereck zu entfernen, weil er ein neues Symbol sieht. Aber er weiß auch, dass es unter dem Kreis nichts gibt. Also wählt er das Viereck. Hunde, die nicht so sattelfest sind und den Kreis wählen, werden sofort eines Besseren

Richtig trainieren

Training steht für Abwechslung, Lernen und Bewegen. Doch nicht immer ist Ihr Hund dazu aufgelegt. Beachten Sie diese Regeln.

■ **Der Hund muss ausgeruht sein!**
Üben Sie nur dann mit Ihrem Vierbeiner, wenn er fit ist. Müde oder ausgelaugte Tiere, z. B. nach einem anstrengenden Spaziergang, haben keine Lust auf Training. Nutzen Sie die Aktivitätsphasen Ihres Hundes.

■ **Nie nach dem Essen trainieren!**
Der Hund darf sich vor dem Training nicht gerade den Magen voll geschlagen haben. Sie kennen doch sicher das Sprichwort: »Ein voller Magen studiert nicht gern.«

■ **Tests sind anstrengend!**
Die Testphase sollte nicht länger als 20 Minuten dauern. Nach einem zweistündigen Spaziergang waren unsere Hunde ebenso müde wie nach 20 Minuten Test.

■ **Vertraute Umgebung!**
Führen Sie die Tests in vertrauter Umgebung durch. Vermeiden Sie grelles Licht oder eine laute Geräuschkulisse.

■ **Vertraute Personen!**
Sorgen Sie dafür, dass während der Tests nur Personen anwesend sind, die Ihr Hund kennt. Fremde Personen müssen erst mit dem Vierbeiner vertraut werden.

■ **Lockern und entspannen!**
Machen Sie vor den Tests einen kleinen Spaziergang mit Ihrem Hund. Während der Tests immer wieder Ruhepausen einlegen. Spielen Sie in den Pausen mit dem Hund und lenken Sie ihn ab. Erziehungsübungen (→ Seite 44/45) nicht länger als höchstens fünf- bis achtmal wiederholen.

Kleine Entspannungsübung für zwischendurch. Der Hund springt durch Ihre Arme (→ Seite 75).

GEHIRN-JOGGING FÜR JEDEN TAG

1

Der Hinweis-Test

Ist Ihr Hund in der Lage, Ihren Hinweis zu verstehen? Bauen Sie die Übung am besten vor einem Türrahmen auf. Der Hund steht vor Ihnen und darf Sie genau beobachten. Stellen Sie auf zwei Stühle jeweils eine umgestülpte Tasse.

2

Belohnung verstecken

Jetzt verstecken Sie unter einer der Tassen eine Belohnung wie zum Beispiel etwas Trockenfutter. Auch jetzt darf der Hund Ihnen dabei zusehen, aber sich den Leckerbissen natürlich noch nicht holen. Nun wird's erst richtig spannend.

belehrt. Hier gibt es nichts. Also wähle ich das Viereck, um Erfolg zu haben.

◆ **Schwierigkeitsgrad steigern:** Nun können Sie die Aufgabe sukzessiv erschweren und die Aufmerksamkeit Ihres Vierbeiners immer mehr herausfordern. Gestalten Sie das Viereck zum Sechseck, Achteck und Vieleck um. Sie merken schon, das Vieleck nähert sich in seinem Aussehen dem Kreis. Die Figuren ähneln sich, und der Hund kann sich schließlich nicht mehr entscheiden. Seine Reaktion ist überraschend. Er holt sich Hilfe bei Ihnen. Verweigern Sie die Hilfe, dann legt er sich zwischen die Futterschalen und beginnt sich zu kratzen oder zu putzen. Er zeigt eine typische Übersprungshandlung. Nach mehreren Fehlversuchen gibt er auf. So weit würde ich es nicht kommen lassen, weil der Hund in dieser Phase keine Freude mehr an der Übung hat.

Der Hinweis-Test

Dieser Test zeigt, ob Ihr Hund in der Lage ist, Ihre Hinweise zu verstehen (→ Fotos, oben). Ist Ihr Hund ein kleines Genie?

◆ **Übungsaufbau:** Stellen Sie zwei Stühle mit jeweils einer umgestülpten Tasse nebeneinander. Der Hund sitzt in einem Meter Entfernung davor. Unter einer Tasse

Der Hinweis-Test

4

...ht versperren

...stigen Sie ein Tuch beispielsweise mit ...snägeln so zwischen Ihnen und Ihrem ...d, dass der Hund die beiden Stühle, ...denen die Tassen stehen, nicht mehr ...en kann. Wahrscheinlich wird Ihr Hund ...wenig verdutzt schauen.

Hinweis geben

Vertauschen Sie dann die beiden Tassen und legen Sie auf die Tasse, unter der das Futter liegt, zum Beispiel einen Tennisball. Entfernen Sie das Tuch. Hat Ihr Hund den Hinweis mit dem Ball verstanden und findet sofort seine Belohnung?

verstecken Sie eine Belohnung. Auf diese Tasse wird ein Gegenstand (z. B. ein Tennisball) gelegt. Zu Beginn muss der Hund sehen, dass Sie den Gegenstand auf die Tasse mit dem Futter legen. Dann werden die beiden Tassen hinter einem Tuch vertauscht und der Tischtennisball auf die Tasse gelegt, unter der sich das Futter befindet.

◆ **Übungsablauf:** Entfernen Sie nun das Tuch und fordern Sie den Hund auf, sich die Belohnung zu holen. Findet er die richtige Tasse heraus, stülpen Sie die Tasse um und geben Ihrem Vierbeiner sein Leckerli. Im anderen Fall geht er leer aus. Nach zwei bis drei Versuchen hat Ihr Hund wahrscheinlich begriffen, dass das Futter immer unter der Tasse ist, auf der der Gegenstand liegt.

◆ **Hinweis:** Einige unserer Hunde, die wir getestet haben, brauchten bis zu zehn Versuche, bis sie die Zeichen verstanden hatten. Das ist auch wirklich nicht leicht, denn als Zeichen gilt einerseits, dass der Besitzer einen Gegenstand auf eine Tasse legt, und andererseits der Gegenstand selbst. Einer von sechs Hunde-Kandidaten scheiterte völlig bei diesem Test. Also seien Sie nicht enttäuscht, wenn Ihr Hund sich schwer tut. Andere Tests liegen ihm vielleicht besser und er bewältigt sie mit Bravour.

GEHIRN-JOGGING FÜR JEDEN TAG

Bewegung hält fit

Flink im Kopf, aber auch flink auf den Beinen ist der Schlüssel zum Wohlbefinden Ihres Vierbeiners. Der richtige Mix macht's ...

Neben geistiger Anregung benötigt Ihr Hund ein gehöriges Maß an Bewegung.
Bewegung stärkt Herz, Kreislauf, Muskulatur und Gehirn. Warum das Gehirn? Es steuert komplexe Bewegungsabläufe. Denken Sie an einen Tischtennisspieler, wie schnell er bei einem Ballwechsel reagieren muss. Das Auge kommt kaum mit. In Bruchteilen von Sekunden muss er entscheiden, wie er den Ball pariert. Das sind Hochleistungen des Gehirns. Kein Wunder, dass man immer wieder üben muss. Klar, Ihr Hund soll kein Tischtennisspieler werden, aber körperliche Geschicklichkeit soll auch er lernen, gleich ob Dackel oder Bernhardiner. Ich empfehle daher den Agility-Parcours. Solch einen Parcours zu bewältigen macht vielen Hunden großen Spaß.
Hinweis: Die Geschicklichkeitsübungen sind natürlich sehr von der Rasse und Größe des Hundes abhängig. Ein kleiner Hund beherrscht sie in der Regel besser. Sie merken ich habe an meinen Bernhardiner Wisla gedacht. Viel Übung hat sie zu einem geschickten Hunderiesen gemacht. Mit einem beachtlichen Nebeneffekt: Sie geht viel unbekümmerter auf neue Dinge zu.

■ Balancieren
Übung: Ihr Hund soll lernen, auf einem Baumstamm zu balancieren.
Übungsablauf: Springen Sie auf einen liegenden dicken Baumstamm und fordern Sie Ihren Hund mit lockender Stimme auf, Ihnen zu folgen. Reicht Ihre Stimme allein nicht aus, versuchen Sie es mit einem Leckerli. Kein Befehlston, sondern spielerische Aufforderung ist hier gefragt. Springt der Hund auf den Stamm, dann loben Sie ihn ausgiebig. Wiederholen Sie das Aufspringen auf den Baumstamm mehrmals, damit der Hund seine Unsicherheit verliert. Ist dies geschafft, beginnen Sie mit dem gemeinsamen Balancieren über den Stamm.

■ Springen
Übung: Ihr Hund soll lernen, über Baumstämme oder Bäche zu springen.
Übungsablauf: Spielen Sie mit Ihrem Hund und springen Sie aus Spaß über einen kleinen Stamm oder schmalen Bach. Animieren Sie das Tier mit lockender Stimme oder einem Leckerli, es Ihnen nachzumachen. Wenn der Hund Ihnen folgt, vergessen Sie nicht, ihn ausgiebig zu loben.

Bewegung hält fit

Schwierigkeitsgrad steigern: Vergrößern Sie allmählich die Breite des Hindernisses, das zu überspringen ist.

■ Röhren durchkriechen

Übung: Fordern Sie Ihren Hund auf, durch eine schmale Röhre zu kriechen. Das kann beispielsweise ein Spieltunnel aus Nylon sein oder auch ein natürliches Hindernis wie eine Röhre, die den Bachlauf regelt.
Übungsablauf: Legen Sie in die Mitte der Röhre ein Leckerli. Fordern Sie ihn mit lockender Stimme auf, sich das Leckerli zu holen. Hat der Hund Angst, versuchen Sie es mit einer größeren Röhre. Durchläuft er diese ohne Probleme, kehren Sie zur ursprünglichen Röhre zurück.

■ Treppen laufen

Übung: Ihr Hund soll lernen, auf schmalen, steilen Treppen zu gehen.

Über liegende Baumstämme oder einen kleinen Bach zu springen lernen Hunde im Handumdrehen.

Übungsablauf: Nehmen Sie Ihren Hund an die Leine und besteigen Sie mit ihm gemeinsam die Treppe, indem Sie liebevoll und beruhigend zu ihm sprechen: »Guter Hund, braver Hund.« Streicheln Sie ihn, damit er Zutrauen bekommt.

■ Sprung durch die Arme

Übung: Lassen Sie Ihren kleinen bis mittelgroßen Hund durch Ihre Arme springen. Dazu müssen Sie sich hinknien und seitlich mit den Armen einen Kreis formen. Bilden Sie den Kreis zuerst in Bodennähe.
Übungsablauf: Eine zweite Person animiert den Hund nun mit einem Leckerli, durch den Armkreis zu steigen. Hat der Hund begriffen, was er machen soll, erhöhen Sie langsam den Kreis. Wieder wird er mit einem Leckerbissen aufgefordert, dieses Mal durch den Kreis zu springen.

Balancieren auf einem Baumstamm: Das fördert den Gleichgewichtssinn Ihres Vierbeiners.

GEHIRN-JOGGING FÜR JEDEN TAG

1

Signale erkennen

Wie genau beobachtet Sie Ihr Hund? Machen Sie den Test. Ihr Hund sitzt Ihnen gegenüber. Sie halten in einer Hand, sichtbar für ihn, einen Leckerbissen und schauen Ihren Vierbeiner dabei an. Er darf sich das Leckerli noch nicht holen.

2

Leckerli finden

Tauschen Sie das Leckerli hinter Ihre Rücken von einer Hand in die andere, u verbergen Sie es in Ihrer Handfläche. N die Arme seitlich ausstrecken, den Kopf Richtung Leckerli drehen und das Kor mando »Such« geben. Was passiert?

Der Riech-Test

Sie erinnern sich? Hunde sind Champions beim Herausfinden des richtigen Geruchs. Mir machte es viel Freude zu erfahren, wie gut mein Hund mich riecht.

◆ **Übungsaufbau:** Nehmen Sie zwei gleiche Futterschalen und decken Sie sie mit jeweils gleichen weißen Pappkartons ab. Geben Sie nun Geruchsmarker auf den Pappkarton. Bestreichen Sie einen Karton z. B. mit Salami oder Parfum, dem anderen Karton lassen Sie Ihren eigenen Geruch anhaften. Ich hielt dazu den Karton ungefähr fünf bis zehn Minuten in der Hand und strich dann nochmals mit der Hand über den Karton. Die Futterbelohnung legen Sie in die Schale, die mit Ihrem Geruch versehen ist.

◆ **Übungsablauf:** Lassen Sie nun Ihren Hund ausgiebig an Ihrer Hand riechen. Geben Sie dann das Kommando »Such«. Der Hund geht zielgerichtet zu den Futterschüsseln, findet auf Anhieb Ihren Geruch und nimmt sich seine verdiente Belohnung aus der Futterschüssel.

◆ **Schwierigkeitsgrad steigern:** Versehen Sie mehrere Futterschüsseln mit unterschiedlichsten Gerüchen. Lassen Sie Ihren Hund anschließend den gewünschten Geruch herausfinden.

Signale erkennen

Wiederum geht es um das genaue Beobachten. Wie stark ist Ihr Hund auf Sie fixiert?

◆ **Übungsaufbau:** Der Hund sitzt Ihnen in etwa einen Meter entfernt von Gesicht zu Gesicht gegenüber. In einer Hand halten Sie, für den Hund sichtbar, ein Leckerli.

◆ **Übungsablauf:** Nun beginnt der eigentliche Test. Hinter dem Rücken nehmen Sie das Leckerli in eine Hand, sodass der Hund nicht sieht, in welcher Hand es sich befindet. Dann strecken Sie die Arme seitlich aus, drehen den Kopf Richtung Leckerli und geben das Kommando »Such«.

Hunde, die schon immer Herrchen oder Frauchen ge-nau beobachtet haben, verstehen nach vier- bis fünfmal den Wink mit dem Kopf. Andere brauchen deutlich länger. Aber ihre Auffassungsgabe ist natürlich von der Begabung abhängig.

◆ **Schwierigkeitsgrad steigern:** Nun verfeinern Sie den Test, indem Sie nicht mehr den Kopf drehen, sondern dem Hund in die Augen schauen und den Kopf absolut still halten. Deuten Sie nur mit der Bewegung Ihrer Pupillen an, in welcher Hand das Leckerli versteckt ist. Ihr Hund versteht relativ schnell Ihre Augensprache. Für uns war das eine freudige Überraschung. Der Test zeigt, dass der Hund uns genau beobachtet. Er versucht, uns die Wünsche von den Augen abzulesen.

Der Zeige-Test

Versteht Ihr Hund Sie wortlos? Dann besteht zwischen Ihnen beiden eine besonders enge Beziehung.

◆ **Übungsaufbau:** Der Hund sitzt Ihnen im Abstand von ungefähr zwei Metern von Gesicht zu Gesicht gegenüber. Fünf bis sechs Meter links und rechts von Ihnen befinden sich zwei Futternäpfe. Einer der beiden Näpfe enthält ein Leckerli, der andere ist leer. Der Hund kann aber nicht sehen, welcher Napf gefüllt ist.

◆ **Übungsablauf:** Nun strecken Sie Arm und Zeigefinger aus und deuten wortlos auf den gefüllten Napf. Ohne Zögern wird Ihr Vierbeiner Ihrer Zeigerichtung folgen und sich über sein Leckerli freuen.

◆ **Hinweis:** Hunde machen nur ganz wenige Fehler. Sie verstehen sofort die Geste. Im Gegensatz zu ihren Vorfahren, den Wölfen, die auf den Wink nicht achten und sich mit 50-prozentiger Wahrscheinlichkeit falsch

> **TIPP**
>
> **Die Belohnung macht's**
>
> Bei allen Lern- und Denkaufgaben sollten Sie Ihren Hund mindestens zwei bis drei Stunden vorher nicht füttern. Ansonsten ist die Futterbelohnung ein zu geringer Anreiz. Ist der Hund aber zu hungrig, dann ist seine Gier so groß, dass er nicht mehr lernen und denken will. Nach erfolgreichem Bestehen des Tests belohnen Sie ihn mit liebevollen Worten, einem Leckerli und Streicheln. Falls der Hund patzt, beginnen Sie den Versuch in Ruhe, ohne Kommentar, von neuem.

entscheiden. Die Wissenschaftler der Uni Budapest gingen noch einen Schritt weiter – mit einem ähnlichen Versuch – nur deutlich schwerer. Der Hundebesitzer hält einen Stock hinter seinem Rücken und deutet mit ihm auf den Futternapf. Erstaunlich, einige Hunde verstanden auch diese Geste.

Lernen à la Rico

Erinnern Sie sich noch an Rico (→ Seite 55)? Dann erkunden Sie doch einmal, ob Ihr Hund ein kleiner »Einstein« ist.

◆ **Übung:** Fordern Sie Ihren Hund auf, ein Plüschtier mit Namen zu apportieren. Konkret: »Teddy, bring die Schildkröte.«

◆ **Übungsablauf:** Üben Sie mehrere Tage lang immer wieder spielerisch das Apportieren dieses Plüschtiers. Erst wenn Sie sicher sind, dass Ihr Hund die Aufgabe gut beherrscht, legen Sie ein zweites Plüschtier, z. B. einen Löwen, dazu. Die ersten fünf- bis zehnmal rufen Sie noch nach der Schildkröte und dann nach dem Löwen. Der Hund ist verwirrt und weiß nicht genau, was er machen soll. Das macht nichts. Nun nehmen Sie den Löwen und geben ihn dem Hund ins Maul. Dabei sagen Sie immer wieder »Löwe«. Nach einigen Tagen verbindet der Hund den Begriff mit dem Gegenstand. Nun kommt die Probe aufs Exempel: Löwe und Schildkröte liegen vor dem Hund, und Sie fordern ihn auf, die Schildkröte zu bringen. Wählt er richtig, hat er begriffen, worum es geht.

◆ **Schwierigkeitsgrad steigern:** Kann der Hund Ihren Worten zwei Plüschtiere zuordnen, können Sie seinen »Wortschatz« mit weiteren Plüschtieren erweitern.

Verknüpfen Sie ein Spielzeug mit einem Namen und fordern Sie den Hund auf, es zu bringen.

Das Hütchen-Spiel

Bei diesem Spiel geht es auch wieder darum, wie gut Ihr Hund beobachten kann.

◆ **Übungsaufbau:** Nehmen Sie zwei umgestülpte, gleich aussehende Becher oder Futternäpfe und legen Sie unter einen der Näpfe einen Leckerbissen. Der Hund beobachtet Sie dabei.

◆ **Übungsablauf:** Schieben Sie jetzt mit Ihren Händen die Becher auf sich überlappenden Kreisbahnen umher. Die Aufgabe des Hundes besteht darin, dem Napf, unter dem das Leckerli liegt, mit den Augen zu folgen. Plötzlich stoppen Sie die Bewegung, am besten dann, wenn die Becher links und rechts vor Ihnen sind. Nun geben Sie das Kommando »Such«. Findet Ihr Hund zielsicher den Futternapf mit dem Leckerli?

◆ **Hinweis:** Bei diesem Test folgten unsere Hunde aufmerksam, konzentriert und neugierig der Arm- und Handbewegung. Die Trefferquote der richtigen Entscheidung lag bei 50 Prozent. Das bedeutet, die Hunde haben wahrscheinlich nur rein zufällig die richtige Wahl getroffen. Die Enttäuschung der Hunde war ebenso groß wie unsere. Woran lag das enttäuschende Ergebnis? Wir verlangsamten unsere Kreisbewegungen. Wieder neugieriges Staunen von Seiten des Hundes, aber keine Verbesserung des Ergeb-

TIPP

Junge Hunde

Junge Hunde (unter sechs Monate) spielen zu gern und können sich noch nicht auf eine gestellte Aufgabe konzentrieren – vermutlich ebenso wie Kleinkinder. Dem müssen Sie Rechnung tragen. Lassen Sie den Welpen stattdessen lieber mit Artgenossen spielen und bieten Sie ihm neue Sinneseindrücke durch spannende Spaziergänge an, bei denen er sich spielerisch mit der Umwelt auseinander setzt. Natürlich ist die Entwicklung von Hund zu Hund unterschiedlich.

nisses. Selbst dann nicht, als wir die Becher umdrehten, sodass die Hunde das Futter gut riechen und sehen konnten. Alle Hunde waren sichtlich verwirrt. Wie liegt die Trefferquote bei Ihrem Hund?

Das Betrüger-Spiel

Erinnern Sie sich noch an Gina, die sich trotz Verbots ihr Leckerli holte, als Frauchen die Zeitung vors Gesicht hielt und so tat, als ob sie lese (→ Seite 60). Am Max-Planck-Institut war ich Zeuge eines ähnlichen Tests, den Sie leicht nachmachen können. Ist Ihr Hund vielleicht auch ein kleiner Betrüger?

◆ **Übungsaufbau:** Sie setzen sich gemütlich auf einen Stuhl. Ihr Hund liegt etwas entfernt von Ihnen und kann Sie gut im Auge behalten. Vor Ihnen beiden liegt im Abstand von zwei bis drei Metern ein Leckerbissen. Geben Sie Ihrem Hund den Befehl »Platz« und verbieten Sie ihm, das Leckerli zu stibitzen. Bei jeder Annäherung an das Leckerli ertönt ein scharfes »Aus«.

◆ **Übungsablauf:** Schließen Sie die Augen. Was wird passieren? Lassen Sie sich sein Verhalten von einer zweiten Person, die sich im Hintergrund hält, beschreiben. Wahrscheinlich wird Ihr Hund ständig zwischen Ihnen und dem Leckerli hin- und herschauen. Man hat den Eindruck, er testet die Reaktion des Menschen. Keine Antwort bedeutet grünes Licht, um den Leckerbissen zu klauen. Aber zuvor ist er unruhig, kratzt sich häufig, und beim Blick auf das Leckerli läuft ihm der Speichel im Maul zusammen. Er wird langsam zum Leckerli gehen, ohne Sie aus dem Blick zu verlieren. Man sieht ihm an, dass er um seinen Betrug weiß.

GEHIRN-JOGGING FÜR JEDEN TAG

Knifflige Denkaufgaben

Die folgenden Tests unternahmen mein Team und ich, um der Intelligenz des Hundes auf die Spur zu kommen. Probieren Sie sie selbst mit Ihrem Hund aus. Vielleicht beherbergen Sie ja ein kleines Genie.

Futter angeln 1

◆ **Übungsaufbau:** Als Käfig benutzten wir einen umgedrehten Fahrradkorb, den wir auf ein Holzbrett nagelten. Die Leckerli lagen auf einem schmalen Stoffstreifen im Käfig. Zwischen Holzbrett und Korb gab es einen Schlitz, durch den ein Teil des Stoffstreifens herausschaute. Die Aufgabe des Hundes bestand darin, den Stoff zu ihm heranzuziehen, um an den Leckerbissen zu kommen. Das ist eine schwierige Aufgabe, denn der Hund muss erkennen, dass das Futter auf dem Tuch liegt und dass sich das Tuch bewegen lässt (→ Foto, Seite 81).

◆ **Übungsablauf:** Viele versuchten ihr Glück mit roher Gewalt. Sie kratzten und scharrten wie wild ohne Erfolg am Fahrradkorb und gaben erschöpft auf. Die Klügeren unter ihnen kratzten zwar zu Beginn auch. Sie umkreisten dann aber den Korb und zogen zielgerichtet am Tuch. Während dieser Aktion sah man ihnen buchstäblich an, dass sie nachdachten.

Futter angeln 2

Dieser Test eignet sich nur für Hunde, die bereits die vorherige Aufgabe gelöst haben.

◆ **Übungsaufbau:** Der Versuchsaufbau ist ähnlich wie im Test vorher. Erschwerend kommt hinzu, dass nun zwei Stoffstreifen an gegenüberliegenden Schlitzen herausragen, aber nur auf einem Streifen der Leckerbissen liegt. Der Hund muss genau hinsehen, um die richtige Wahl zu treffen.

◆ **Übungsablauf:** Hunde tun sich schwer mit diesem Test. Sie ziehen einfach wahllos an einem Streifen. Selbst 20 Fehlversuche sind keine Seltenheit. Die Denker – oder vielleicht sind es ja nur die guten Beobachter – haben es aber geschafft, am richtigen Stoffstreifen zu ziehen. Das ist eine enorme Leistung. Sie umkreisten den Korb und zogen anschließend zielgerichtet am Stoff.

Futter angeln 3

◆ **Übungsaufbau:** Wir wollten die Beobachtungsgabe und das Denkvermögen unserer Kandidaten noch toppen. Gleicher Versuchsaufbau wie zuvor (→ Futter angeln 1, Seite 80), aber jetzt liegen zwei Leckerbissen im Käfig. Einer auf dem Stoffstreifen und der andere neben dem entsprechenden gleich aussehenden Stoff. Die Leckerli wurden mit durchsichtigen kleinen Schälchen abgedeckt. Ohne die Schälchen geht gar nichts. Vermutlich breitet sich der Geruch der Leckerli so aus, dass er die Tiere bei der richtigen Wahl beeinträchtigt. Die Schälchen verhindern dies.

◆ **Übungsablauf:** Tatsächlich gelingt es den Kandidaten, das Futter zu angeln. Die Leistung der Sieger ist gewaltig, wenn man bedenkt, was sich in ihren Köpfen abspielte. Die Hunde müssen begreifen, dass nur Futter auf einem Tuch bewegt werden kann, das heißt, sie müssen einen kausalen Zusammenhang zwischen Bewegung, Tuch und Futter erkennen. Wie komplex dieses Problem ist, sieht man an Kleinkindern. Sie

Fahrradkorb, Stoffstreifen und Leckerli werden zur Denksportaufgabe.

GEHIRN-JOGGING FÜR JEDEN TAG

1

2

Futter angeln 4

Mit Backsteinen und Brettern oder Spanplatten können Sie Ihren Hund verblüffen. Werfen Sie vor den Augen Ihres Vierbeiners ein Leckerli in den Bretterspalt. Keine Frage, dass Ihr Liebling sich diese Belohnung holen möchte.

Guter Rat ist teuer

Aber wie kommt man an das begeh[rte] Leckerli? Die Schnauze passt nicht du[rch] den schmalen Schlitz. Was nun? Da s[ind] die meisten Hunde zunächst ratlos. D[och] die »Denker« wissen schnell, wie sie [das] begehrte Leckerli »erobern« können.

lösen solch eine Aufgabe erst mit eineinhalb Jahren. Auch Hunde haben vielleicht eine Vorstellung von Alltagsphysik.

Futter angeln 4

◆ **Übungsaufbau:** Sie brauchen Backsteine und Bretter. Zwei aufeinander gestapelte Backsteine legen Sie der Länge nach hintereinander. In einem Abstand von 20 bis 30 Zentimetern bauen Sie eine zweite Reihe Backsteine auf. Auf die Backsteine legen Sie zwei Bretter so, dass ein Tunnel entsteht. Zwischen den Brettern lassen Sie einen schmalen Spalt frei, damit Futter hindurch-

fallen kann. Befestigen Sie eventuell die Bretter, indem Sie Steine darauf legen.

◆ **Übungsablauf:** Lassen Sie im Beisein des Hundes Leckerli durch den Spalt fallen. Der Hund will mit dem Kopf durch den Spalt. Aber das geht nicht. Er muss einen anderen Weg finden, um an das Futter zu kommen. Die Lösung besteht darin, dass er von der Seite, statt von oben, das Futter mit der Pfote angelt. Nach unserer Erfahrung lösen nach einigem Probieren etwa 50 Prozent der Hunde diese nicht einfache Aufgabe.

◆ **Schwierigkeitsgrad steigern:** Größere Schwierigkeiten haben die Hunde, wenn Sie einen zweistöckigen »Tunnel« bauen. Wie

Das Geheimnis des Deckels

4

...s klar

...Leckerbissen ist durch den Schlitz ...len, also muss man auch am Boden ...en. Von der offenen Seite des Aufbaus ist es gar kein Problem, sich den ...ren Zwischendurch-Snack einzuver-...n. Herzlichen Glückwunsch!

Ganz schön schwierig

Jetzt wird's noch ein wenig schwieriger. Der Aufbau wird höher und das Leckerli fällt in den Zwischenboden. Kurz nachgedacht und schon ist der Hund der Lösung auf der Spur. Nicht am Boden suchen, sondern eine Ebene darüber.

gehabt lassen Sie das Futter durch den Spalt fallen, jetzt fällt es aber nicht auf den Erdboden, sondern den Zwischenboden. Die Hunde suchen zuerst am Boden, sind erstaunt, dass sich dort kein Leckerli befindet, und schauen nochmals durch den Spalt. Nach einiger Zeit begreifen sie das Problem und fischen das Futter aus dem Zwischenboden.

Das Geheimnis des Deckels

◆ **Übungsaufbau:** Sie nehmen einen Futternapf und legen einen Pappdeckel darauf. Der Hund sitzt Ihnen in einem Abstand von einem Meter gegenüber und kann Sie gut beobachten. Nun heben Sie den Deckel, geben etwas Futter in den Napf und legen den Deckel wieder darauf.

◆ **Übungsablauf:** Fordern Sie jetzt Ihren Hund mit dem Kommando »Such« auf, sich das Futter zu holen. Die meisten Hunde stürmen los, schieben mit ihrer Schnauze den Deckel weg und fressen das Futter. Also kein großes Problem für den Hund. Er hat erkannt, dass er den Deckel wegschieben muss, um an das Futter zu kommen.

◆ **Hinweis:** Katzen scheitern an diesem Problem. Wir testeten über 60 Katzen, und immer wieder das gleiche Ergebnis.

Voraussetzung ist, dass die Tiere nie mit dem gleichen oder ähnlichen Problem konfrontiert wurden. Es mag unter den Katzen Überflieger geben, aber die Mehrzahl versagt bei diesem Test. Alle möglichen Theorien gingen uns durch den Kopf. Hat es womöglich etwas mit der Abstammung zu tun? Wir testeten die Wölfe von Dr. Dorit Feddersen-Petersen an der Uni Kiel. Die Wölfe näherten sich dem Eimer mit Deckel, berochen alles, umkreisten den Eimer und pinkelten auf den Deckel. Sie nahmen den Gegenstand damit zwar in Besitz, lösten jedoch das Problem nicht. Die Dingos, die verwilderten Haushunde Australiens, dagegen entfernten den Deckel, brauchten aber viel mehr Zeit als normale Haushunde. Wir haben noch keine Erklärung dafür, vermuten aber, dass Katzen den Futternapf mit Deckel als einen Gegenstand ansehen und nicht begreifen, dass es zwei Gegenstände sind. Diesen kleinen Ausflug in die Tierwelt habe ich nur darum unternommen, um Ihnen zu zeigen, wie schwierig es ist, Aussagen über die Intelligenz von Tieren zu machen.

Räumliche Vorstellungskraft

◆ **Übungsaufbau:** Nehmen Sie zwei durchsichtige Kunststoffscheiben (z. B. aus Plexiglas). Stellen Sie diese im spitzen Winkel auf. Lassen Sie unten an der Spitze eine kleine Öffnung frei, durch die ein Fleischbrocken, der an einem Faden befestigt ist, durchgezogen werden kann.

◆ **Übungsablauf:** Der Hund sitzt innerhalb der beiden Plexiglasscheiben, der Öffnung gegenüber. Einige Zentimeter vor seiner Schnauze liegt der Fleischbrocken samt Schnur. Sie ziehen nun von außerhalb das Fleisch an der Schnur durch die kleine Öffnung. Der Hund folgt der Schnur bis zur Öffnung. Aber jetzt kommt er nicht mehr weiter. Er bellt, winselt und versucht mit Schnauze oder Pfote das Fleisch zu erhaschen. Das ist die falsche Strategie. Um an das Fleisch zu kommen, müsste er nur um die Kunststoffscheiben herumlaufen, aber das schaffen nicht alle. Haben Sie Ihrem Hund allerdings die Lösung des Problems gezeigt, wird er sie auch so schnell nicht wieder vergessen.

◆ **Hinweis:** Was geht in den Köpfen mancher Hunde vor, dass sie diese scheinbar einfache Aufgabe nicht lösen können? Verhaltensforscher der Universität Budapest machten ähnliche Versuche mit überraschendem Ergebnis. Anstatt Kunststoff

Um die räumliche Vorstellungskraft zu testen, brauchen Sie zwei Plexiglasscheiben, eine Schnur und Futter.

Räumliche Vorstellungskraft

2

Räumliche Vorstellungskraft

Die Plexiglasscheiben (oder auf zwei Rahmen gespannter Maschendraht) werden so im spitzen Winkel aufgestellt, dass an der Spitze ein Spalt offen bleibt. Legen Sie nun einen leckeren Happen, der an eine Schnur gebunden ist, in das Dreieck. Ihr Hund sitzt innerhalb des Dreiecks.

3

Gar nicht so einfach

Versucht der Hund nun, sich den Happen zu schnappen, ziehen Sie die Schnur durch den Spalt. Die Belohnung wird unerreichbar, weil lediglich die Schnauze durch den schmalen Schlitz passt. Der Hund muss einen anderen Weg finden. Und wie Sie sehen: Er hat ihn gefunden.

4

Denken lohnt sich

Natürlich gibt es jetzt die mühsam verdiente Belohnung. Es war gar nicht so leicht, den richtigen Weg zu finden. Zuerst wird Ihr Vierbeiner mit Winseln und Bellen versuchen, Sie »weichzuklopfen«. Doch dann »schaltet« er sein Gehirn ein und läuft schließlich außen um das Dreieck herum.

GEHIRN-JOGGING FÜR JEDEN TAG

nahmen sie einen V-förmigen Zaun ohne Öffnung und legten das Futter außerhalb des Zauns an die Spitze. Jetzt führten sie den Hund in den Zaun. Der Hund konnte also das Futter gut sehen und riechen. Leicht lösten die Hunde die Aufgabe und liefen um den Zaun herum. Vertauschte man dagegen die Rollen und legte das Futter innerhalb des Zauns, während der Hund außerhalb des Zauns stand, dann hatten die Hunde große Schwierigkeiten, an das Futter zu gelangen. Selbst dann, wenn sie die Aufgabe mehrere Male wiederholten. Deutlich besser wurden sie, wenn ein Mensch, egal ob Halter oder Fremder, es ihnen vormachte.

Den kürzesten Weg finden

◆ **Übungsaufbau:** Sie brauchen ein Apportierholz und einen ungefähr zehn Meter langen Zaun, der an beiden Seiten eine Öffnung hat.

◆ **Übungsablauf:** Stellen Sie sich mit Ihrem Hund vor den Zaun. Werfen Sie das Apportierholz auf die andere Seite. Normalerweise laufen Hunde an den Zaun heran, beginnen zu bellen und zu graben. Sie erkennen nicht, dass sie um den Zaun herumlaufen müssen. Nur die intelligentesten laufen sofort herum.
Führen Sie Ihren Hund am Zaun entlang und zeigen Sie ihm, wie er das Holz erreicht. Bei den nächsten Würfen kennt er sich aus. Jetzt gehen Sie zum Werfen näher an eine Öffnung heran. Kluge Hund wählen den kürzeren Weg zur nächsten Öffnung. Konservative dagegen bleiben bei dem einmal entdeckten Weg.

Testen Sie, wie schnell Ihr Vierbeiner den kürzesten Weg findet, der ihn hinter den Zaun führt.

Der Zylinderhut-Test

◆ **Übungsaufbau:** Basteln Sie aus Pappe eine Art »Zylinderhut«, bei dem der Rand besonders groß ausfällt. Die Größe des Hutes muss sich selbstverständlich nach der Größe des Hundes richten. Legen Sie im Beisein des Hundes ein Leckerli darunter.

◆ **Übungsablauf:** Fordern Sie Ihren Hund auf, das Leckerli zu holen. Die Hunde wollen mit ihrer Schnauze oder Pfote den Zylinderhut umwerfen. Vergeblich, denn sie stehen mit einer ihrer Pfoten auf dem Rand.

Es dauert sehr lange, bis die Hunde durch Zufall oder Einsicht den Hut umwerfen.

◆ **Hinweis:** Unsere zehn getesteten Hunde benötigten im Schnitt 20 Minuten. Einige von ihnen, glaubten wir, hatten das Problem begriffen, die anderen handelten nach dem Prinzip »Versuch und Irrtum«.

Der halbe Zylinderhut

◆ **Übungsaufbau:** Gleicher Test wie für den Zylinderhut-Test beschrieben (→ links). Allerdings umfasst der Hutrand nicht den gesamten Hut (360 Grad), sondern nur die Hälfte (180 Grad).

◆ **Übungsablauf:** Unser Verdacht, dass einige Hunde das Problem tatsächlich begriffen hatten, wurde von einigen Kandidaten bestärkt, denn sie näherten sich dem Zylinderhut nur von der Seite, wo kein Rand war. Um den Zufall auszuschließen drehten wir den Hut. Die Hunde wählten zielgerichtet die Seite ohne Rand.

Was ist eine Menge?

Mit diesem Versuch testen Sie, ob Hunde eine Vorstellung von Mengen haben.

◆ **Übungsaufbau:** Lassen Sie nacheinander in zwei Futternäpfe unterschiedliche Mengen an Fleischstückchen oder Leckerli fallen. Legen Sie dann je ein Stück Pappe auf. Der Hund sitzt im Abstand von ein bis zwei Metern vor Ihnen und beobachtet Sie.

◆ **Übungsablauf:** Fordern Sie Ihren Hund auf, seine Belohnung zu holen. Wählt er den Napf mit der größten Menge? Beim nächsten Versuch vertauschen Sie die Näpfe.

◆ **Hinweis:** Der Versuch scheint einfach, aber in der Praxis zeigt er seine Tücken. Die Hunde haben oft eine Vorliebe für eine Seite. Sie entscheiden sich im Voraus, wohin sie gehen, ohne auf die Menge zu achten. Eine mögliche Erklärung ist: Für die Hunde ist in dem Moment die Menge nicht so wichtig, denn belohnt werden sie ja auf beiden Seiten. Jede Wahl ist ein Erfolgserlebnis und zwingt nicht zum Umdenken. Doch wie kann man die Aufmerksamkeit des Hundes wecken? Indem Sie nach dem Zufallsprinzip manchmal in eine der Schalen kein Futter fallen lassen. Nun ist der Hund gezwungen, Sie genau zu beobachten, und stellt dabei fest, in welche Schale Futter fällt. Die Hunde in unseren Testreihen konnten interessanterweise immerhin Mengen zwischen eins und fünf unterscheiden.

INFO

Denken kostet Energie

Jede Testserie sollte im Schnitt nicht länger als 20 Minuten dauern. Dann ist der Hund erschöpft. Zwischen den verschiedenen Testserien sollten Sie Ihrem Hund unbedingt mindestens eine Stunde Verschnaufpause gönnen. Mehr als zwei Testserien pro Tag sind zu viel. Verweigert der Hund die Arbeit, dann ist es höchste Zeit aufzuhören. Lassen Sie ihn wählen, ob er spazierengehen oder vielleicht doch lieber ein kleines Nickerchen machen möchte.

Gedächtnistraining

Hunde haben ein gutes Gedächtnis, das man – ebenso wie beim Menschen – trainieren kann. Prüfen Sie, wie gut Ihr Hund sich erinnern kann.

■ **Im Labyrinth der Vergangenheit**
Sich in einer Welt ohne Gedächtnis zurechtzufinden ist unmöglich. Stellen Sie sich vor, Sie müssten ohne Erinnerungen leben. Diese Vorstellung ist grausam und fatal zugleich. Auch Tiere erinnern sich. Sie haben ebenso wie wir ein Kurzzeit- und Langzeitgedächtnis. Manche unter den Tieren sind sogar wahre Meister des Erinnerns.
Lernen und Denken sind ohne Gedächtnis nicht möglich. Erfahrungen und Erinnerungen arbeiten zeitlebens zusammen und sind untrennbar miteinander verbunden. Vermutlich ist jeder neue Gedankenblitz auch von der Erinnerung abhängig.
Ob Hunde ein sprichwörtliches »Elefantengedächtnis« haben, weiß ich nicht, und mir ist auch keine wissenschaftliche Arbeit über das Gedächtnis bei Hunden bekannt. Aber so viel weiß ich aus eigener Beobachtung: Hunde haben ein gutes Gedächtnis. Sie vergraben ihren Knochen und buddeln ihn nach Wochen wieder aus.
Hunde, die an unseren Versuchen teilgenommen hatten, wussten noch nach 12 Monaten den Versuchsablauf bis ins Detail. Sie starteten den Versuch mit der gleichen Präzision, als wenn es gestern gewesen wäre. Auch das Ergebnis entsprach fast genau dem von vor einem Jahr. Sie hatten also nichts vergessen.

■ **Ein gutes Gedächtnis**
Wie gut das Gedächtnis der Hunde ist, können wir wunderbar im Alltag beobachten. Nach vier oder fünf gleichen Spaziergängen weiß der Hund, ob Sie bei der nächsten Kurve nach links oder rechts abbiegen. Das können Sie ganz einfach testen, indem Sie den Hund einige Meter vorausgehen lassen. Sie werden feststellen, er trottet den gewohnten Weg entlang. Sicher, das ist kein Beweis. Er könnte ja seiner Duftspur vom Tage zuvor folgen. Das auszuschließen ist schwierig und erfordert viel Aufwand, aber sein Verhalten verrät etwas: Geht er gelassen, ohne am Boden zu riechen, spricht viel für sein Gedächtnis.
Ob alle Hunde ein gleich gutes Gedächtnis haben, weiß ich nicht, aber ich vermute, es gibt die gleichen Unterschiede wie beim Menschen. Alles andere macht für mich wenig Sinn, denn Lernen und Denken sind von der Persönlichkeit abhängig. Und da

Gedächtnistraining

Denken und Gedächtnis zusammenarbeiten, nehme ich an, dass das Gedächtnis unserer Vierbeiner individuell ist.

■ Gedächtnisübungen

Kann man das Gedächtnis trainieren? Beim Menschen bis zu einem gewissen Grade, und ich glaube, dass dies auch bei Hunden möglich ist. Die Leistungen von Rico, dem berühmten Border Collie, wären sonst kaum zu verstehen (→ Seite 55). Probieren Sie es doch einfach einmal mit Ihrem Hund aus.

Übung 1: Einem Hund, der gern apportiert, kann man beibringen, einen Gegenstand mit einem Wort zu kombinieren. Er muss also im Gedächtnis behalten, welcher Gegenstand zu welchem Wort gehört.

So wird's gemacht: Sie zeigen Ihrem Hund die Leine und sagen »Leine«. Dann geben Sie ihm die Leine ins Maul und wiederholen das Wort »Leine«. Das machen Sie mehrere

Bringen Sie Ihrem Hund bei, einen Gegenstand mit einem Wort zu kombinieren.

Tage lang mehrmals täglich. Nun nehmen Sie einen anderen Gegenstand und belegen ihn mit einem anderen Wort. Beim neuen Begriff gehen Sie wie gehabt vor. Jetzt der eigentliche Test: Hat der Hund das Wort »Leine« vergessen, wenn Sie es nennen? Jeder meiner Hunde erinnerte sich sofort. Alle brachten sie mir freudig die Leine.

Übung 2: Beim Spazierengehen verstecken Sie mehrere Gegenstände im Beisein Ihres Hundes und benennen sie. Achten Sie darauf, dass die Gegenstände für ihn attraktiv sind, sonst merkt er sie sich nicht. Er darf sie aber heute nicht mitnehmen.

Am nächsten Tag machen Sie sich wieder auf den gleichen Weg und fordern Ihren Hund auf, die Gegenstände zu suchen. Ohne Zögern wird er sich auf die Suche machen. Hunden macht diese Art von Gedächtnistraining sehr viel Spaß.

Gegenstände suchen und wiederfinden. Ein prima Gedächtnistraining für den Hund.

ANHANG

Register

Die **halbfett** gesetzten Seitenzahlen verweisen auf Abbildungen.
U=Umschlagseiten

A

Ältere Hunde 43
Angriff 15
Angst 15, 18, 43, 48
 –, Krankhafte 16, 17
Angstreaktion 23
Ängstlicher Hund 13, 15
Annäherung 11
Apportieren 46
Area centralis 24
Artgenossen **12**, 19, **20**, 37, 51, 61
Artverhalten 14
Aufmerksamkeit **15, 19**
Augen 24, **24**
Augenhintergrund 26
Augen-Test 27
Ausbildung 44
Ausdauer 35
Ausschlussverfahren 56
Aussehen, verändertes 26

B

Balancieren 74
Becher-Test 1 68, **69**
Becher-Test 2 68
Becher-Test 3 69
Bedrohliches 25
Begabungen erkennen 46
Begabungen, unterschiedliche 38
Begabungsfelder 48
Bellen 23, 25
Belohnen 11, 20, 77
Beobachten 68
Betrügen 60
Betrüger-Spiel 79
Bewegung **71**, 74, **75**
Bewußt handeln 50
Blickfeld 24, 25
Blindenhund 35

C

Charakter 10

D

Denkaufgaben 80-87
Denken 20, 33-65, 56
Distanz-Test 27
Draufgänger 13
Drogenhunde 62
Drohen 15
Duftnoten-Test 29

E

Eifersucht 13, 17, 18
Einfühlungsvermögen 38
Einsicht 9
Elektroencephalogramm 58
Emotionale Intelligenz 56, 57
Energieverbrauch 37, 97
»Entspannungsruck« 53
Ererbte Verhaltensweisen 14
Erfahrungen 42, 48
Erscheinungsbild, äußeres 26
Erziehung, spielerische 44

F

Fähigkeiten einschätzen 44
Farben sehen 22, 26
Farben-Test 27
Fehlverhalten 9, 10
Fettsucht 16
Fitness, körperliche 43
Freude **14**
Fühlen 20
Furcht 15
Futter angeln 1 80, **81**
Futter angeln 2 80
Futter angeln 3 81
Futter angeln 4 82. **82**

G

Gedächtnis 49
Gedächtnis-Training 88
Gedächtnis-Übungen 89, **89**
Gefahren meiden 9
Gefühle 8-21
 – beeinflussen 16
 – entwickeln 12
 – erkennen 15
 –, Krankhafte 16
 –, Negative 8
 –, Positive 8
Gefühllosigkeit 9
Gefühlssymbiose 17
Gefühlswelt 8
Gefühlszustand 39
Geheimnis des Deckels 83
Gehirn 38, 58
Gehirn trainieren 36
Gehirn-Training 67-89
Gehorsam 12, 60
Gehorsamsübungen 12
Gehör 30, **30**

Register

Geistige Fähigkeiten 44
Gene 14
Genetische Ausstattung 48
Geruchssinn 23, 28, **28**
Geschmackspapillen 30
Geschmackssinn 30
Gesichtsfeld 25
Gestik 15
Gewissen 61
Großhirn 59
Grundausbildung 38, 44

H

Hinweis-Test 72, **72**, **73**
Hirnströme 58
Hoden 16
Hören 30, **30**
Horizontalstreifen 24
Hornhaut 26
Hörschärfe 30
Hund, ängstlicher 13
Hunde
 –, Ältere 43
 –, Ausgeschlafene 59
 –, Junge **40**, 43, 79
 –, Kurzschnauzige 24
 –, Langschnauzige 25
 –, Müde 59
 -intelligenz 37
Hütchen-Spiel 78

I

Ich-Bewusstsein 50
Im-Kreis-Drehen 16
Individuelle Persönlichkeit 13
Imitieren 61
Intelligenz 38

J

Jacobsonsches Organ 28
Jagdhunde 24
Junge Hunde **40**, 43, 79

K

Kampfhunde 61
Kampftrieb 12
Kastration 16
Klickertraining 30
»Kluger-Hans-Effekt« 52, 55
Kommandos 44
Kommunikation 10, 28
Körperbewusstsein 50
Körperliche Fitness 43
Körperliche Geschicklichkeit 46
Krankhafte Angst 16
Krankhafte Gefühle 16
Kurzschnauzige Hunde 24
Kurzzeitgedächtnis 88

L

Langeweile **19**, 36
Langschnauzige Hunde 24
Langzeitgedächtnis 88
Lautäußerungen 15
Lernaufgabe 35
Lernbegabung 35, 48
Lernbegierde 49
Lernen 20, 33-65, **35**, **37**, 78
Lernen à la Rico 78
Lernen durch Nachahmen 61
Lerneifer 52
Lernfähigkeit 48
Lernkapazität 49

Lernübungen 68-79
Lernunlust 70
Limbisches System 9, 30
Linse 26

M

Männlichkeitshormon 16
Mengen 87
Mensch-Hund-Beziehung **9**, **10**, **17**, 57, **57**
Mimik 15
Misstrauen 43
Mitgefühl 8

N

Nachahmen **60**, 61
Nase 28
Neugierde 45
Nervenverknüpfungen 35
Nervenwachstum 35
Netzhaut 24
Neuronales Fenster 42

O

Ohren 30, **30**
Ohren-Test 31

P

Persönlichkeit erkennen 7-31
Persönlichkeit, individuelle 13
Probleme, psychische 16

R

Räumliche Vorstellungskraft 84, **84**
Räumliches Sehen 25
Reizüberflutung 38

ANHANG

REM-Phase 55, 58
Richtig trainieren 71
Riechen 22, **23**, 28, **28**
Riech-Test 76
Riechvermögen 22, 28
Riechzellen 28
Risiko abschätzen 9
Robby, der Ängstliche 43, **39**
Röhren durchkriechen 75
Rapid Eye Movement 58
Rudel 14
Rudelführer 12
Rudeltiere 61

Salami-Test 29
Scharf sehen 25
Schlafen 58, **58**
Schlafentzug 58
Schlafmangel 58
Schlafphasen 55
Schlafwandeln 59
Schreckhaftigkeit 20
Schreckreaktion 20
Schwerhörigkeit 30
Sehen im Dämmerlicht 26
Sehen, räumliches 25
Selbstbewusstsein 40, 43
Selbstsicherheit 43
Selbstverstümmelung 50
Sexuallockstoffe 28
Signale erkennen **76**, 77
Signale verstehen 34
Sinneswelt 22-31
Soziale Intelligenz 57
Spiegeltest 50, **51**
Spielen 11, **46**
Spielerisch lernen 42

Spielerische Erziehung 44
Spiellaune 11
»Sprechen« 64
Springen 74
Sprung durch die Arme 75
Strafen 43
Streicheln 13
Stress 20
Supernasen-Test 29
Süßigkeiten 30
Symbole erkennen 70
Symbole verstehen **62**, 63

Talente entdecken 52-65
Talente fördern 52-65
Talente, unterschiedliche 38
Tapetum 26
Teddy, der Überflieger 48, **48**, **49**
Testosteron 16
Tierquälerei 14
Töne, hohe 30
Ton-Test 31
Trauer 15, 19
Träumen 55, 58
Trennungsangt 17
Treppen laufen 75

Ü

Überlebenskampf 34
Ultraschallbereich 30
Umweltveränderungen anpassen 36
Unsicherheit 15, 18
Unterforderung 37, 43
Unterscheidungslernen 22

V

Verändertes Aussehen 26
Vergangenheit berücksichtigen 11
Verhalten, abhängiges 54
Verhaltensentwicklung 42
Verhalten, unerwünschtes 11
Verhalten, zwanghaftes 16
Verhaltenstherapie 17
Verhaltensweisen, ererbte 14
Verstand 36
Vertrauen aufbauen 43
Vorsicht 40, 43
Vorstellungskraft, räumliche 84

W

Wildtiere 40
Wisla, die Wissbegierige 38, **39**

Z

Zählen 52, **53**
Zähnefletschen 15
Zeige-Test 77
Zellschicht 26
Zucht 57
 -auswahl 57
Zuneigung 14
Zunge 30
Zusammenleben 23
Zwanghaftes Verhalten 16
Zwangsneurosen 16
Zylinderhut-Test 86

92

Adressen

Verband für das Deutsche Hundewesen e.V. (VDH)
Postfach 104154,
D-44041 Dortmund.
info@vdh.de,
www.vdh.de

Fédération Cynologique Internationale (FCI)
Place Albert 1er, 13,
B-6530 Thuin. www.fci.be

Österreichischer Kynologenverband (ÖKV)
Siegfried-Marcus-Str. 7,
A-2362 Biedermannsdorf.
www.oekv.at

Schweizerische Kynologische Gesellschaft (SKG/SCS)
Postfach 8276,
CH-3001 Bern. www.hundeweb.org

Anschriften von Hundeclubs und -vereinen können Sie bei den vorgenannten Verbänden erfragen.

Deutscher Hundesportverband e.V. (DHV)
Gustav-Sybrecht-Str. 42,
D-44536 Lünen.
www.dhv-hundesport.de

Interessengemeinschaft Deutscher Hundehalter e.V.
Postfach 28 61 64,
D-28361 Bremen.

Forschungskreis Heimtiere in der Gesellschaft
Postfach 28 61 61,
D-28361 Bremen.
www.mensch-heimtier.de,
info@mensch-heimtier.de

IEMT Österreich, Institut für interdisziplinäre Erforschung der Mensch-Tier-Beziehung
Margare-tenstraße 70,
A-1050 Wien. www.iemt.at

IEMT Schweiz, Institut für interdisziplinäre Erforschung der Mensch-Tier-Beziehung
Postfach 12 73,
CH-8034 Zürich.
www.iemt.ch

Fragen zur Haltung beantworten

Ihr Zoofachhändler und der Zentralverband Zoologischer Fachbetriebe Deutschlands e.V. (ZZF),
Tel.: 06103/910732 (nur telefonische Auskunft möglich: Mo 12-16 Uhr, Do 8-12 Uhr). www.zzf.de

Tierschutzzentrum der Tierärztlichen Hochschule Hannover
Bünteweg 2, D-30559
Hannover. www.tierschutzzentrum.de

Schweizer Tierschutz (STS)
Dornacherstr. 101,
CH-4008 Basel.
www.tierschutz.com,
Beratungsstelle Tel.
0041/61/3659999

Österreichischer Tierschutzverein
Kohlgasse 16, A-1050 Wien,
Tel. 0043/1/8 97 33 46.
www.tierschutz-verein.com

Über das Online-Tierärzteverzeichnis des BPT finden Sie Tierärzte in Ihrer Nähe:

BPT - Bund praktizierender Tierärzte e.V.
www.smile-tierliebe.de.

Deutscher Tierschutzbund e.V.
Baumschulallee 15,
D-53115 Bonn.
www.tierschutzbund.de

ANHANG

Krankenversicherung

Uelzener Allgemeine Versicherungsgesellschaft a.G.
PF 2163, D-29511 Uelzen.
www.uelzener.de

AGILA Haustier-Krankenversicherung AG
Breite Str. 6-8, D-30159 Hannover. www.agila.de

Adressen im Internet

www.hunde.com

www.hundewelt.de

www.mypetstop.com

www.hunde.ch

www.hundezeitung.de

www.hunde.at

www.ferien-mit-hund.de

www.hundeadressen.de

Zeitschriften

Der Hund. Deutscher Bauernverlag GmbH, Berlin

Partner Hund. Gong Verlag, Ismaning

Unser Rassehund. Hrsg. Verband für das Deutsche Hundewesen e.V., Dortmund

Bücher, die weiterhelfen

Coren, Stanley: **Wie Hunde denken und fühlen**. Franckh-Kosmos 2005

Damasio, Antonio R.: **Ich fühle also bin ich.** List-Verlag 2000

Feddersen-Petersen, Dorit: **Hundepsychologie**. Franckh-Kosmos 2004

Gould, James L./Grant, Carol: **Bewusstsein bei Tieren.** Gould Spektrum 1997

Lorenz, Konrad: **So kam der Mensch auf den Hund.** dtv 2006

Ludwig, Gerd: **Das große GU Praxishandbuch Hunde.** Gräfe und Unzer Verlag

Roth, Gerhard: **Aus der Sicht des Gehirns.** Suhrkamp

Tomasello, Michael: **Die kulturelle Entwicklung des menschlichen Denkens**. Suhrkamp 2002

Wachtel, Hellmuth: **Das Buch vom Hund.** Cadmos Verlag 2002

Die Fotos

Aschermann: Seite 36;
Corbis/Williams: Seite 17;
Corbis/Zefaimages/Le Fortune: Seite 9;
Getty Images/Fujiwara: Seite 10;
Getty Images/-Neo Vision: Seite 4, 23;
Giel: Seite U1, 12, 22, 30, 35, 39 li., re., 47, 48, 49 li., re, 51 u., 53, 57, 62 li., re., 63, 65, 69, 72 li., re., 73 li., re., 75 o., u., 76 li., re., 81, 82 li., re., 83 li., re., 84, 85 o., mi., u., 89 o., u., U4;
Juniors: Seite 34; Juniors/-Wegler: Seite 8, 59 o.;
Schanz: Seite 42;
Steimer: Seite 54, 59 u., 80, 86;
Wegler: Seite 2 o., u., 6/7, 14, 15 li., re., 19 o., u., 20, 21, 24, 26, 28, 32/33, 40, 41, 45 o., u., 51 o., 52, 60, 66/67, 68, 71, 78.

GU HUNDERATGEBER
damit Ihr Hund sich wohl fühlt

ISBN (10) 3-7742-6412-0
ISBN (13) 978-3-7742-6412-0
64 Seiten | € 7,90 [D]

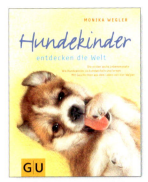

ISBN (10) 3-7742-6360-4
ISBN (13) 978-3-7742-6360-4
120 Seiten | € 14,90 [D]

ISBN (10) 3-7742-6642-5
ISBN (13) 978-3-7742-6642-1
288 Seiten | € 19,90 [D]

ISBN (10) 3-7742-7361-8
ISBN (13) 978-3-7742-7361-0
48 Seiten | € 4,90 [D]

ISBN (10) 3-7742-6113-X
ISBN (13) 978-3-7742-6113-6
48 Seiten | € 4,90 [D]

Die Welt der Hunde entdecken und alles erfahren, was man schon immer über die Vierbeiner wissen wollte! So klappt das harmonische Zusammenleben von Mensch und Hund von Anfang an.

WEITERE LIEFERBARE TITEL BEI GU:
➤ **GU TIERMEDIZIN:** Naturheilpraxis Hunde
➤ **GU TIERRATGEBER:** Mein Hund macht was er will

Willkommen im Leben.

ANHANG

Der Autor

Dr. Immanuel Birmelin beschäftigt sich seit über 25 Jahren mit der Erforschung des Verhaltens von Haus-, Zoo- und Zirkustieren. Er untersucht intensiv die Intelligenz unserer Vierbeiner und konnte mit seinem Team in Tests zeigen, dass Hunde denken können. Somit kann man den Hund nicht zum willenlosen Diener des Menschen degradieren, sondern man muss begreifen, dass er ein denkendes, feinfühliges Mitgeschöpf ist. Wer das als Hunde-Halter realisiert hat, wird seinem Hund viele Dinge wesentlich leichter beibringen können. Es wird kein so großer Drill mehr nötig sein, wie bisher angenommen. Der Film von Immanuel Birmelin und Volker Arzt zu diesem Thema »Hund oder Katze – wer ist klüger?« schlägt 2003 sensationell ein. Einladungen zu Talkshows wie »Stern-tv« folgen. Darüber hinaus ist der Autor auch als wissenschaftlicher Berater bei Tierfilm-Produktionen und als Sachverständiger für artgerechte Tierhaltung tätig.

Impressum

© 2006 GRÄFE UND UNZER VERLAG GmbH, München
Alle Rechte vorbehalten. Nachdruck, auch auszugsweise, sowie Verbreitung durch Film, Funk, Fernsehen und Internet, durch fotomechanische Wiedergabe, Tonträger und Daten-Art nur mit schriftlicher Genehmigung des Verlags.

Programmleitung:
Steffen Haselbach
Leitende Redaktion:
Anita Zellner
Redaktion:
Gabriele Linke-Grün
Umschlaggestaltung:
independent Medien-Design, München
Produktion: Bettina Häfele
Layout und Satz:
Ludger Vorfeld, München
Reproduktion:
Penta Repro, München
Druck: Appl, Wemding
Bindung: Oldenbourg Buchmanufaktur, Monheim
Printed in Germany

ISBN (10)   3-8338-0059-3
ISBN (13) 978-3-8338-0059-3

Auflage 4   3   2   1
Jahr 2009 2008 2007 2006

Das Original mit Garantie

Ihre Meinung ist uns wichtig: Deshalb möchten wir Ihre Kritik, gerne aber auch Ihr Lob erfahren, um als führender Ratgeberverlag für Sie noch besser zu werden. Darum: Schreiben Sie uns! Wir freuen uns auf Ihre Post und wünschen Ihnen viel Spaß mit Ihrem GU-Ratgeber.

Unsere Garantie: Sollte ein GU-Ratgeber einmal einen Fehler enthalten, schicken Sie uns bitte das Buch mit einem kleinen Hinweis und der Quittung innerhalb von sechs Monaten
nach dem Kauf zurück. Wir tauschen Ihnen den GU-Ratgeber gegen einen anderen zum gleichen oder zu einem ähnlichen Thema um.

Ihr GRÄFE UND UNZER VERLAG
Redaktion Haus und Garten
Stichwort: Der schlaue Hund
Postfach 86 03 66,
D-81630 München
Fax: 089/41981-113
E-Mail:
leserservice@graefe-und-unzer.de